essentials

essentials liefern aktuelles Wissen in konzentrierter Form. Die Essenz dessen, worauf es als „State-of-the-Art" in der gegenwärtigen Fachdiskussion oder in der Praxis ankommt. *essentials* informieren schnell, unkompliziert und verständlich

- als Einführung in ein aktuelles Thema aus Ihrem Fachgebiet
- als Einstieg in ein für Sie noch unbekanntes Themenfeld
- als Einblick, um zum Thema mitreden zu können

Die Bücher in elektronischer und gedruckter Form bringen das Expertenwissen von Springer-Fachautoren kompakt zur Darstellung. Sie sind besonders für die Nutzung als eBook auf Tablet-PCs, eBook-Readern und Smartphones geeignet. *essentials:* Wissensbausteine aus den Wirtschafts-, Sozial- und Geisteswissenschaften, aus Technik und Naturwissenschaften sowie aus Medizin, Psychologie und Gesundheitsberufen. Von renommierten Autoren aller Springer-Verlagsmarken.

Weitere Bände in der Reihe http://www.springer.com/series/13088

Kristin Weber · Andreas E. Schütz ·
Tobias Fertig

Grundlagen und Anwendung von Information Security Awareness

Mitarbeiter zielgerichtet für
Informationssicherheit sensibilisieren

Kristin Weber
Fakultät Informatik und Wirtschafts-
informatik, Hochschule für angewandte
Wissenschaften Würzburg-Schweinfurt
Würzburg, Deutschland

Andreas E. Schütz
Fakultät Informatik und Wirtschafts-
informatik, Hochschule für angewandte
Wissenschaften Würzburg-Schweinfurt
Würzburg, Deutschland

Tobias Fertig
Fakultät Informatik und Wirtschafts-
informatik, Hochschule für angewandte
Wissenschaften Würzburg-Schweinfurt
Würzburg, Deutschland

ISSN 2197-6708   ISSN 2197-6716   (electronic)
essentials
ISBN 978-3-658-26257-0   ISBN 978-3-658-26258-7   (eBook)
https://doi.org/10.1007/978-3-658-26258-7

Die Deutsche Nationalbibliothek verzeichnet diese Publikation in der Deutschen Nationalbiblio-
grafie; detaillierte bibliografische Daten sind im Internet über http://dnb.d-nb.de abrufbar.

Springer Vieweg
© Springer Fachmedien Wiesbaden GmbH, ein Teil von Springer Nature 2019

Springer Vieweg ist ein Imprint der eingetragenen Gesellschaft Springer Fachmedien Wiesbaden
GmbH und ist ein Teil von Springer Nature
Die Anschrift der Gesellschaft ist: Abraham-Lincoln-Str. 46, 65189 Wiesbaden, Germany

Was Sie in diesem *essential* finden können

- Eine Übersicht über die verschiedenen Rollen des Menschen für die Gewährleistung der Informationssicherheit.
- Einblicke in die Verhaltenspsychologie und deren Bedeutung für Information Security Awareness.
- Ein Vorgehensmodell zur gezielten Sensibilisierung der Mitarbeiter für Informationssicherheit.
- Einen Vorschlag, wie die Information Security Awareness der Mitarbeiter ermittelt werden kann.
- Sensibilisierungsmaßnahmen, mit denen Mitarbeiter tatsächlich sensibilisiert werden.

Inhaltsverzeichnis

Der Faktor Mensch in der Informationssicherheit

1

1.1 Einführung und Aufbau

> Es ist oft ein Kinderspiel, die menschliche Firewall zu knacken. Das erfordert außer einem Telefonanruf keine Investitionen und beinhaltet nur ein minimales Risiko (K. Mitnick).

Der Mensch wird häufig als eine der größten Schwachstellen für die Informationssicherheit bezeichnet. Die IT tut alles, um die wertvollen Informationen des Unternehmens technisch abzusichern. Das System ist so konfiguriert, dass es nur zehnstellige Passwörter erlaubt, die mindestens ein Sonderzeichen (aber bitte nur ausgewählte!), einen Groß- und einen Kleinbuchstaben sowie eine Ziffer enthalten. In jedem System soll natürlich ein eigenes Passwort verwendet werden. Zudem werden die Nutzer automatisch alle drei Monate aufgefordert, ihre Passwörter zu ändern. Dann kommen die Nutzer aber auf die Idee, sich ihre sicheren Passwörter aufzuschreiben und mit einem Post-It an den Bildschirm zu heften! Oder sie verraten ihre Passwörter einem Wildfremden am Telefon, der sich als IT-Administrator ausgibt. Zugegeben – aus Sicht der Informatik kann das als ziemlich dummes und nicht nachvollziehbares Verhalten bezeichnet werden. Besonders motivierend ist diese Sichtweise für die Nutzer allerdings nicht.

Informationssicherheit
Ein System gilt als informationssicher, wenn es keine Zustände annimmt, die zu unautorisierter Informationsveränderung oder -gewinnung führen (Eckert 2018). Die Schutzziele Vertraulichkeit, Integrität und Verfügbarkeit werden in diesem Zusammenhang häufig genannt. Um die **Vertraulichkeit** einer Information zu schützen, ist es notwendig, unautorisierten Zugriff auf

© Springer Fachmedien Wiesbaden GmbH, ein Teil von Springer Nature 2019
K. Weber et al., *Grundlagen und Anwendung von Information Security Awareness,* essentials, https://doi.org/10.1007/978-3-658-26258-7_1

sie zu unterbinden. Mit der **Integrität** wird sichergestellt, dass die Informationen unverändert sind. Um dieses Schutzziel zu erreichen, müssen sie vor nicht autorisierten Änderungen geschützt werden. Mit der **Verfügbarkeit** soll sichergestellt werden, dass die gewünschte Information den autorisierten Nutzern zugänglich ist.

Daher wollen wir uns bewusst davon verabschieden, den Mensch als Schwachstelle zu bezeichnen. Vielmehr stellen wir die Sicherheit von Informationen und Informationssystemen in den Vordergrund. Zu einem Informationssystem – einem soziotechnischen System – gehört der Mensch als Komponente dazu (Krcmar 2015, S. 22), weshalb technische Sicherheitsmaßnahmen alleine eben nicht ausreichen, um diese Systeme abzusichern. Der Mensch als Teil des Systems muss mit seinen Bedürfnissen, seinen Fähigkeiten und seinem naturgegebenen menschlichen Verhalten in das Design, die Umsetzung und den sicheren Betrieb der Systeme einbezogen werden. Designer von Sicherheitskonzepten müssen also wissen und verstehen, wie Nutzer sich verhalten, warum sie das tun und wie sie dieses Verhalten im Sinne der Informationssicherheit beeinflussen können. Dazu zählt auch, Passwortregeln so zu gestalten, dass sie für die Nutzer nachvollziehbar und im Alltag umsetzbar sind.

Wir gehen sogar so weit und sagen, dass Menschen eine wichtige, unverzichtbare Stütze für das Informationssicherheitskonzept darstellen. Zudem sind technische Konzepte heutzutage noch nicht in der Lage, alle Angriffe automatisch zu erkennen und richtig darauf zu reagieren. Die Anwender jedoch können das seltsame Verhalten ihres Rechners melden, sie können innerhalb weniger Sekunden nach dem Erhalt einer Phishing-E-Mail dem IT-Helpdesk einen Hinweis darauf geben, sie sprechen Personen ohne sichtbaren Ausweis innerhalb des Firmengeländes an oder geben gefundene USB-Sticks sowie andere dubiose Datenträger ab.

Menschen als Sicherheitssensoren
Dass Menschen ein sehr zuverlässiger Entdecker von Sicherheitsvorfällen sind, haben (Heartfield und Loukas 2018) wissenschaftlich bestätigt. In einem Experiment simulierten sie Angriffe, die spezielle Social Engineering Techniken wie Spear Phishing, verschickte USB-Sticks oder falsche Facebook-Accounts nutzten. Lediglich 10 % der Angriffe wurden von den Anwendern nicht erkannt. Die technischen Sensoren hingegen schlugen bei 81 % der Angriffe keinen Alarm!

Um die Anwender für ihre wichtige Rolle als Stütze des Informationssicherheits-konzepts fit zu machen, müssen sie sensibilisiert werden. Der Fachbegriff dafür lautet **Information Security Awareness.** Mit Awareness-Maßnahmen sollen Anwender davon überzeugt werden, sich beruflich wie privat so zu verhalten, dass sie weder wissentlich noch unwissentlich der Sicherheit der Informationen und Informationssysteme ihres Unternehmens schaden. Auch sollen die Anwender mithelfen, Informationen und Informationssysteme aktiv vor Gefahren zu schüt-zen. Wir sprechen hierbei von **informationssicherheitskonformem Verhalten.**

In diesem Kapitel möchten wir Ihnen zunächst anhand von Beispielen auf-zeigen, wie wichtig der Mensch für die Informationssicherheit ist. Das folgende Kapitel führt dann in den Begriff der Information Security Awareness ein und erklärt Ihnen, wie mit Awareness ein Bewusstsein für Informationssicherheit bei den Nutzern geschaffen werden kann. Das dritte Kapitel geht etwas detaillierter auf die verhaltenspsychologischen Aspekte ein, die unserer Sichtweise von Infor-mation Security Awareness zugrunde liegen. Die folgenden drei Kapitel stellen Ihnen dann eine Vorgehensweise zur Sensibilisierung von Mitarbeitern in acht Schritten vor. Jeder Schritt wird anhand von Praxisbeispielen und Erkenntnissen aus einem Projekt zur Sensibilisierung von Hochschulangehörigen erläutert. Zum Abschluss geben wir Ihnen ein Fazit und einen Ausblick.

▶   Menschen sind keine „Schwachstelle" – sie sind eine unverzichtbare Stütze für das Informationssicherheitskonzept.

1.2   Informationssicherheitskonformes Verhalten

Auch wenn wir die Menschen nicht als Schwachstelle, sondern als Stütze begreifen wollen, lässt sich nicht leugnen, dass sie sich nicht immer „informationssicherheitskonform" verhalten. Ihr unbedachtes Verhalten am Arbeitsplatz und außerhalb des Unternehmens kann die Sicherheit von sensiblen Unternehmensinformationen gefährden.

Wir möchten daher kurz anhand von einigen Beispielen aufzeigen, wie der Mensch mit seinem Verhalten die Sicherheit von Unternehmensinformationen beeinflusst. Wir werden diese Beispiele im Laufe des Buches immer wieder zur Veranschaulichung aufgreifen.

Passwort
Ein Zugriff auf Informationssysteme wird am häufigsten über die richtige Kombination aus Benutzernamen und Passwort gewährt. Jeder, der diese

Kombination kennt, kann Zugriff auf das Informationssystem erhalten. Während der Benutzername häufig vom IT-Administrator vorgegeben wird, ist das Passwort von den Anwendern selbst wählbar. Damit haben sie eine große Verantwortung. Sie müssen ein Passwort wählen, welches niemandem außer ihnen bekannt ist. Ist ein vermeintlich „sicheres" Passwort gefunden (also eines, dass nicht leicht von anderen herausgefunden werden kann), müssen sie es sich gut merken können oder zumindest sicher aufbewahren. Das Passwort darf auch nicht weitergegeben werden, weder wissentlich noch unwissentlich. Also, weder den Kollegen, die vertretungsweise Zugriff auf das E-Mail-Postfach benötigen, noch der vermeintlichen IT-Administratorin, die am Telefon danach fragt und auch nicht, indem es versehentlich in eine Phishing-Webseite eingegeben wird. Besteht der Verdacht, dass das Passwort dennoch bekannt geworden ist, müssen die Anwender es schnellstmöglich ändern. Und sie sollten das gleiche Passwort auch nur in einem System verwendet haben und nicht in verschiedenen Systemen.

Bildschirmsperre
Um den unberechtigten Zugriff auf die eigenen Rechner und damit auf die dort abgelegten Dokumente oder die verbundenen Netzlaufwerke und Informationssysteme zu verhindern, sollten die Anwender beim Verlassen des Arbeitsplatzes den Bildschirm ihres Rechners sperren. Die Anwender müssen also bei jedem Verlassen des Arbeitsplatzes zunächst daran denken, die Bildschirmsperre zu aktivieren. Zudem müssen sie auch dann eine Notwendigkeit darin sehen, wenn ihre Abwesenheit vermutlich nur sehr kurz sein wird. Dazu müssen sie auch wissen, wie sie den Bildschirm sperren können. Bei ihrer Rückkehr sollten sie sich an das Passwort zum Entsperren des Bildschirms erinnern.

Schädliche E-Mails
E-Mails werden häufig genutzt, um Schadsoftware zu verbreiten und auf dem Rechner der Adressaten zu installieren oder um die Zugangsdaten (Benutzernamen, Passwörter) der Adressaten auszuspähen. Letzteres wird als Phishing bezeichnet. Per E-Mail werden aber beispielsweise auch Rechnungen mit manipulierten Bankverbindungen versendet. Die Adressaten müssen sich zunächst dieser Missbrauchsversuche bewusst sein. Theoretisch sollten sie alle eingehenden E-Mails auf ihre Glaubwürdigkeit hin untersuchen. Dazu müssen sie wissen, woran beispielsweise eine Phishing-E-Mail erkannt werden kann. Wird eine E-Mail als potentiell schädlich eingestuft, müssen die Adressaten richtig reagieren. Also keine Links anklicken oder Anhänge öffnen, die E-Mail einfach löschen und ggf. den IT-Helpdesk informieren. Eine telefonische Nachfrage beim vermeintlichen Absender kann ebenfalls Klarheit über die Authentizität der E-Mail bringen.

Verwenden von USB-Sticks

Um größere Datenmengen oder Dateien auszutauschen, werden häufig USB-Datenträger verwendet. Sie werden aber auch gerne genutzt, um Schadsoftware zu verbreiten. Ein verseuchter USB-Stick, der an einen Rechner angeschlossen wird, kann unbemerkt Schadsoftware installieren oder Passwörter mitlesen. Anwender sollten daher USB-Datenträger nur dann verwenden, wenn sie genau wissen, woher sie stammen, und wenn sie sich absolut sicher sind, dass sie keine Schadsoftware enthalten. Im Zweifelsfall sollten sie also lieber auf die Verwendung von USB-Sticks verzichten. Gefundene USB-Sticks oder auch Werbegeschenke sollten zur Prüfung dem IT-Helpdesk übergeben werden. Gleiches gilt leider auch für sämtliche USB-Gadgets wie E-Zigaretten, Tassenwärmer, Lampen, Lautsprecher oder Aktenvernichter – und auch für Handy-Ladegeräte.

Falle USB-Sticks

IT-Sicherheitsprofis bringen gerne das Beispiel, dass in Konferenzräumen eines Unternehmens oder auf dessen Mitarbeiterparkplatz lediglich manipulierte USB-Sticks platziert werden müssen, um unberechtigten Zugriff auf Daten und Informationssysteme zu erlangen. Aus reiner Neugier würde schon mindestens ein Mitarbeiter den USB-Stick mit seinem Rechner verbinden. Wie erschreckend realistisch dieses Szenario ist, haben Forscher aus Illinois 2016 mit einem Experiment bewiesen (Tischer et al. 2016). Sie platzierten knapp 300 manipulierte USB-Sticks an 30 verschiedenen Orten (z. B. Bibliothek, Hörsaal, Parkplatz) auf dem Campus ihrer Universität. Das Ergebnis: 98 % der USB-Sticks wurden von jemandem mitgenommen, auf über 45 % der USB-Sticks wurde mindestens eine Datei geöffnet. Es dauerte weniger als sechs Minuten, bis der erste USB-Stick verwendet wurde.

Die Beispiele zeigen, dass die Anwender eine große Verantwortung haben. Die Sicherheit der Informationen und Informationssysteme hängt auch davon ab, dass sie sich richtig, also informationssicherheitskonform verhalten. Wählen sie ein unsicheres Passwort, kann dieses leicht gehackt werden und ein Angreifer erhält Zugriff auf vertrauliche Berichte. Öffnen die Anwender unbedacht Anhänge einer E-Mail könnte eine Ransomware die Dokumente auf ihrem Rechner oder womöglich gar das gesamte Unternehmensnetzwerk verschlüsseln. Dass sich Anwender nicht immer informationssicherheitskonform verhalten, hat viele Gründe: u. a. mangelnde Erfahrung, unzureichende Schulungen, fehlendes

Bewusstsein für Gefahren, Unvorsichtigkeit, Zeitmangel und fehlende Alternativen. Im 3. Kapitel werden wir diese Gründe näher erläutern. An dieser Stelle sei schon angemerkt, dass es für die Auswahl der richtigen Awareness-Maßnahmen wichtig ist, die individuellen Gründe zu kennen. Nur wenn Sie wissen, was die Ursachen für ein potenzielles Fehlverhalten sind, können Sie die dazu passenden Awareness-Maßnahmen auswählen – und verschwenden somit keine wertvolle Zeit und knappe Ressourcen.

▶   Die Gründe für nicht informationssicheres Verhalten am Arbeitsplatz
     sind häufig subjektiv. Erfolgreiche Awareness-Maßnahmen sind pass-
     genau auf die jeweiligen Gründe der Anwender zugeschnitten.

Die bisherigen Ausführungen gehen von Mitarbeitern aus, die sich informationssicherheitskonform verhalten wollen. Der Vollständigkeit halber muss erwähnt werden, dass es auch zahlreiche Fälle gibt, in denen Anwender bewusst der eigenen Organisation schaden wollen. Diese Anwender nennt man **Malicious Insiders**. Die Gründe für absichtlich böswilliges Verhalten sind beispielsweise Gier, Rache, Egoismus, mangelnde Wertschätzung oder ideologische Überzeugungen. Da wir mit Awareness-Maßnahmen gegen diese Gründe und somit gegen diese Art der Bedrohung nichts ausrichten können, werden wir Malicous Insiders im Rahmen dieses Buches nicht weiter betrachten.

1.3   Social Engineering

Neben dem unabsichtlichen und absichtlichen Fehlverhalten der Anwender gibt es noch eine weitere Gefahr für die Informationssicherheit, bei welcher der Faktor Mensch eine entscheidende Rolle spielt. Der Mensch selbst wird gezielt angegriffen. Studien zeigen, dass Menschen gegenüber der Technik mittlerweile das beliebtere Angriffsziel von Kriminellen sind, die sich unberechtigten Zugriff auf sensible Unternehmensinformationen verschaffen wollen (ISACA 2018).

Die am meisten verwendete Angriffstechnik auf den Menschen ist das sogenannte Social Engineering. Social Engineering beschreibt die gezielte Manipulation von Menschen. Die Menschen sollen unbewusst so beeinflusst werden, dass sie im Sinne des Social Engineers und nicht notwendigerweise in ihrem eigenen Interesse handeln (Hadnagy und Wilson 2011). Die oben erwähnten manipulierten USB-Sticks oder Phishing-E-Mails sind typische Formen des Social Engineerings. Ein gefundener USB-Stick soll bei den Findern Neugier und Hilfsbereitschaft wecken. Sie verbinden den USB-Stick mit ihren Rechnern, um zu schauen, was sich darauf befindet – schon installiert sich eine Schadsoftware. Eine Phishing-E-Mail will die Adressaten dazu verleiten, ihre Logindaten oder Kreditkartennummern auf einer Webseite der Angreifer einzugeben. Beides Handlungen, die definitiv gegen die Interessen der Opfer verstoßen.

CEO Fraud

Beim CEO Fraud oder Chefbetrug erhält ein gezielt ausgewählter Mitarbeiter aus der Finanzabteilung eine E-Mail, die vermeintlich von einer hochrangigen Führungsperson stammt. In der E-Mail wird er aufgefordert, einen hohen Geldbetrag auf ein angebliches Bankkonto des Unternehmens, typischerweise im Ausland, zu überweisen. Da die E-Mail tatsächlich so aussieht, als stamme sie von „ganz oben", wird die darin enthaltene Anweisung ausgeführt und das Geld ist weg. Der Fall des fränkischen Automobilzulieferers Leoni, in dem 2016 rund 40 Mio. EUR erbeutet wurden, erlangte traurige Berühmtheit (https://www.faz.net/-gqi-8kg3q).

Information Security Awareness 2

Für den Begriff Information Security Awareness gibt es keine wirklich gute deutsche Entsprechung. Daher verwenden wir den englischen Begriff Information Security Awareness, auch abgekürzt als Security Awareness oder einfach Awareness. Häufig wird Information Security Awareness mit Sensibilisierung für Informationssicherheit umschrieben. Das trifft es nicht ganz, da Sensibilisierung einen Prozess beschreibt und mit Awareness ein Zustand gemeint ist. Insofern wären „sensibilisiert sein" oder „Grad der Sensibilisierung" die treffenderen Umschreibungen.

In Anlehnung an die Abgrenzung zwischen IT-Sicherheit und Informationssicherheit, müssen auch IT Security Awareness und Information Security Awareness voneinander abgegrenzt werden. Ersteres ist eine Untermenge, die sich nur auf Informationstechnik und die darin verarbeiteten Informationen bzw. Daten bezieht. Information Security Awareness schließt zusätzlich nicht digital vorliegende Informationen ein. Darin sind also auch Papierdokumente und sogar das Wissen in den Köpfen der Mitarbeiter enthalten.

▶ Information Security Awareness ist der – bezüglich der Sicherheitsgefahren – bewusste Umgang mit Informationen, unabhängig vom Medium (Richter et al. 2018, S. 8).

Mit Awareness-Maßnahmen soll der Grad der Sensibilisierung erhöht werden, also die Awareness steigen. Steigt die Awareness der Mitarbeiter, verhalten sich diese sicherer (Jaeger 2018, S. 4706) und somit sollte sich die Informationssicherheit im Unternehmen insgesamt verbessern. Was heißt Information Security Awareness nun aber in der Praxis?

Zu Information Security Awareness und der Frage, wie diese erhöht werden kann, gibt es mehrere Ansichten. Die wichtigsten Erkenntnisse möchten wir Ihnen kurz vorstellen. Danach werden wir das unserer Arbeit zugrunde liegende Verständnis von Awareness darlegen.

(Hänsch und Benenson 2014) beschreiben drei aufeinander aufbauende Konzepte des Begriffs Security Awareness (vgl. Abb. 2.1). Das einfachste Konzept versteht unter Awareness, dass Anwender wissen, welche Bedrohungen es für die Informationssicherheit gibt und dass Anwender diese Bedrohungen erkennen („Perception"). Das zweite Konzept ergänzt, dass Anwender wissen, wie sie sich vor den Bedrohungen schützen können („Protection"). Das dritte Konzept beschreibt, dass Anwender nicht nur Bedrohungen kennen sowie erkennen und wissen, was sie gegen Bedrohungen tun können, sondern dass sie dieses Wissen auch in ihr Verhalten einfließen lassen („Behavior"). Nur das letzte Konzept verspricht eine tatsächliche Erhöhung der Informationssicherheit im Unternehmen.

▶ Nur die richtige und zeitnahe Anwendung des Wissens über Gefahren und entsprechende Gegenmaßnahmen in der passenden Situation hilft, das Unternehmen vor Bedrohungen zu schützen.

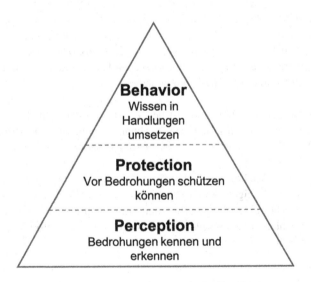

Abb. 2.1 Die drei aufeinander aufbauenden Konzepte der Security Awareness

Security Awareness heißt demnach, dass die Anwender wissen, wie sie sich informationssicherheitskonform verhalten (z. B. nicht auf Links in Phishing-E-Mails klicken), welche Konsequenzen ihnen und dem Unternehmen bei nicht-konformem Verhalten drohen (z. B. Imageverlust und finanzielle Schäden durch Verlust von Kundendaten) und dass sie dieses Wissen tatsächlich anwenden (z. B. verdächtige E-Mails melden und nicht auf darin enthaltene Links klicken).

(Helisch 2009a) nennt mit der **Organisation** noch einen weiteren Aspekt von Security Awareness. Die Organisation stellt sicher, dass Mitarbeiter sich im Unternehmen überhaupt informationssicherheitskonform verhalten können, dass also keine Hindernisse oder Beschränkungen bestehen. Wenn keine abschließbaren Schränke im Büro vorhanden sind, können Dokumente mit sensiblen Informationen nicht weggesperrt werden, selbst wenn die Mitarbeiter dies möchten. Informationssysteme müssen so implementiert sein, dass die Wahl sicherer Passwörter überhaupt möglich ist, z. B. sollten sie alle Arten von Zeichen und beliebig viele Zeichen akzeptieren.

Security Awareness ist nach der Auffassung von (Helisch 2009a) ein Zusammenspiel von Wissen (Verständnis des Problems und das Wissen zu dessen Lösung), Wollen (Wille zu informationssicherheitskonformen Verhalten) und Können (Möglichkeit zu informationssicherheitskonformen Verhalten) (vgl. Abb. 2.2).

Unserem Verständnis nach ist Security Awareness ein kognitives und affektives Konstrukt. Es hat also etwas mit Denken, Fühlen, Wahrnehmen und Handeln zu tun. Wir verstehen darunter die Summe aller Faktoren, die zu einem informations-sicherheitskonformen Verhalten führen, also beispielsweise dazu, dass ein sicheres Passwort gewählt wird. Erkenntnisse der Psychologie helfen, kognitive und affektive Prozesse und deren Einfluss auf das menschliche Verhalten noch besser zu verstehen. Das aus der Sozialpsychologie stammende Integrierte Verhaltens-modell von (Montaño und Kasprzyk 2008) sagt, dass neben den drei schon genannten Faktoren Verhaltensabsicht, Wissen und Organisation zwei weitere Faktoren das Verhalten beeinflussen: Salienz und Gewohnheit. **Salienz** beschreibt die Aufmerksamkeit, die einem Verhalten zukommt, also wie bedeutend oder herausstechend dieses Verhalten ist. Wird ein Verhalten häufig ausgeführt, wird es zur **Gewohnheit** und wird zukünftig auf einen bestimmten Auslöser hin mehr oder weniger automatisch, ohne großes Nachdenken ausgeführt.

Der Faktor Organisation beeinflusst zwar das Verhalten, ist aber weder ein kognitives noch ein affektives Konstrukt. Daher nehmen wir es in unserem Verständnis von Information Security Awareness heraus. Die Zusammenhänge sind in Abb. 2.3 dargestellt. Wichtig ist noch zu verstehen, dass es nicht das Ziel ist, das Verhalten eines Menschen direkt zu beeinflussen. Das wäre nur durch Zwang

Abb. 2.2 Security Awareness als Zusammenspiel von Wissen, Können und Wollen. (In Anlehnung an Helisch 2009a, S. 11)

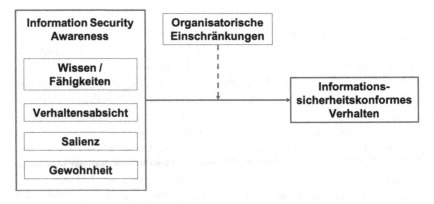

Abb. 2.3 Unser Verständnis von Information Security Awareness

möglich und führt nicht zu einer höheren Awareness! **Awareness-Maßnahmen beeinflussen daher die Faktoren Wissen, Verhaltensabsicht, Salienz und/oder Gewohnheit.** Diese Faktoren sollen dann wiederum zu einem informationssicherheitskonformen Verhalten führen.

Ein genaues Verständnis von Security Awareness ist wichtig, wenn die passenden Awareness-Maßnahmen ausgewählt werden sollen. Passend sind die Maßnahmen, die geeignet sind, die Awareness und damit das informationssicherheitskonforme Verhalten zu erhöhen. Liegen die Defizite der Mitarbeiter im Bereich des Wissens? Dann kann es hilfreich sein, Mitarbeitern zu erklären, woran sie eine Phishing-E-Mail erkennen oder welche Gefahren beim Umgang mit USB-Sticks lauern. Ist dieses Wissen aber bereits vorhanden, macht eine Schulung dazu keinen Sinn bzw. wird zu keiner Erhöhung der Awareness führen. Die Chefin weiß, dass sie ihr geschäftliches Smartphone mit einer PIN sichern soll. Wenn sie jedoch nicht von der Wichtigkeit dieser Verhaltensweise überzeugt ist, wird sie vermutlich trotzdem keine PIN nutzen. Dann müssen Awareness-Maßnahmen die Verhaltensabsicht beeinflussen. Andere Verhaltensweisen, wie das Sperren des Bildschirms bei Verlassen des Arbeitsplatzes, können stark über die Etablierung einer Gewohnheit unterstützt werden.

Neben dem Verständnis darüber, welche Faktoren das Verhalten beeinflussen, muss auch der aktuelle Zustand dieser Faktoren bekannt sein. Für zielgerichtete Maßnahmen ist daher eine Analyse der Ist-Situation, also der aktuellen Ausprägung der Security Awareness unerlässlich.

Genauer werden alle diese Faktoren und deren Einfluss auf das menschliche Verhalten in Kap. 3 erläutert. Insbesondere das komplizierte Konstrukt der Verhaltensabsicht muss noch näher beleuchtet werden, um zu verstehen, wie es mit Awareness-Maßnahmen beeinflusst werden kann.

Das Wichtigste in Kürze

- Information Security Awareness ist ein kognitives und affektives Konstrukt.
- Das informationssicherheitskonforme Verhalten sollte indirekt über die vier Faktoren Wissen, Verhaltensabsicht, Salienz und Gewohnheit beeinflusst werden.
- Organisatorische Einschränkungen können selbst bei hoher Awareness die Ausführung des gewünschten Verhaltens verhindern.

Erkenntnisse aus der Verhaltenspsychologie

3

Information Security Awareness ist ein Konstrukt aus kognitiven und affektiven Prozessen. Um diese Prozesse besser zu verstehen, wagen wir einen Blick über den Tellerrand der Informatik hinaus und suchen Antworten in der Sozialpsychologie. Vor allem die Gesundheitspsychologie beschäftigt sich schon seit vielen Jahren mit dem menschlichen Verhalten und wie dieses beeinflusst werden kann, um Menschen zu einem gesunden Lebensstil zu verhelfen. Die Erkenntnisse der Gesundheitspsychologie interpretieren wir im Kontext der Informationssicherheit.

(Bandura 1986) erklärt in der Triade des reziproken Determinismus die Grundlagen zur Verhaltensbildung bei Menschen. Die Triade besteht aus den drei Bestandteilen Verhalten, persönliche Faktoren und Umwelt, die sich gegenseitig beeinflussen. Diese Theorie deckt sich sehr gut mit unserem Verständnis von Information Security Awareness (vgl. Kap. 2). Das *Verhalten* ist hier das informationssicherheitskonforme Verhalten eines Menschen. Die *persönlichen Faktoren* stellen die kognitiven und affektiven Prozesse dar, die wir in diesem Zusammenhang als Information Security Awareness bezeichnen. Und die *Umwelt* entspricht dem Faktor Organisation.

Noch konkreter beschreibt diesen Zusammenhang das Integrierte Verhaltensmodell (IBM) von (Montaño und Kasprzyk 2008). Das IBM adaptiert die wichtigsten Konstrukte von gängigen sozialpsychologischen Theorien und vereint diese in einem einzigen Modell. Das Modell macht das Verhalten eines Menschen von fünf Faktoren abhängig (vgl. Abb. 3.1). Die vier Faktoren *Wissen und Fähigkeiten, Gewohnheit, Salienz* und *Verhaltensabsicht* können dem von Bandura beschriebenen Bereich *persönliche Faktoren* zugeordnet werden. Der fünfte Faktor *Einschränkungen aus dem Umfeld* entspricht dem Bereich *Umwelt* von Bandura.

Der komplexe Faktor *Verhaltensabsicht* hat den größten Einfluss auf das Verhalten einer Person (Fishbein und Ajzen 1975). Die Verhaltensabsicht ist ein

© Springer Fachmedien Wiesbaden GmbH, ein Teil von Springer Nature 2019
K. Weber et al., *Grundlagen und Anwendung von Information Security Awareness,* essentials, https://doi.org/10.1007/978-3-658-26258-7_3

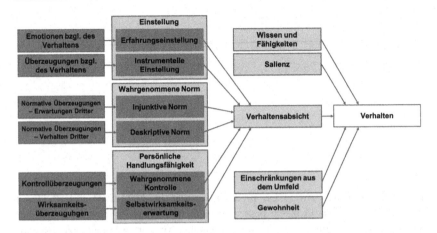

Abb. 3.1 Das Integrierte Verhaltensmodell. (In Anlehnung an Montaño und Kasprzyk 2008, S. 77)

Konstrukt, dass sich aus Emotionen und Überzeugungen einer Person im Hinblick auf ein bestimmtes Verhalten bildet. Bei einer Überzeugung handelt es sich um eine kognitive Information über eine bestimmte Entität (z. B. eine Verhaltensweise), die nicht zwingend eine emotionale Komponente besitzt. „Das Öffnen von Word-Dokumenten ist kein Sicherheitsrisiko" könnte eine solche Überzeugung sein. Überzeugungen werden gebildet, indem der Mensch eine Entität mit ihm bekannten Merkmalen verknüpft (Ajzen 1991). Die Merkmale entstehen durch eigene Erfahrungen oder durch Information von anderen Personen. Vielleicht hat Onkel Hubert bei der letzten Familienfeier erzählt, dass Word-Dateien sicher sind. Und Onkel Hubert hat „immer" Recht. Merkmale des Verhaltens sind beispielsweise auch das erwartete Ergebnis oder der vermutete Aufwand.

Die Verhaltensabsicht einer Person kann in drei Bereiche unterteilt werden: Die Einstellung, die wahrgenommene Norm und die persönliche Handlungsfähigkeit.

Einstellung Die Einstellung eines Menschen kann am ehesten mit dem Ausmaß an Zustimmung oder Ablehnung umschrieben werden (Eagly und Chaiken 1993), in unserem Fall gegenüber einer bestimmten Verhaltensweise. Das IBM unterscheidet zwischen der Erfahrungseinstellung und der instrumentellen Einstellung. Die **Erfahrungseinstellung** beruht auf Emotionen, die im Hinblick auf das Verhalten ausgelöst werden. Die Mitarbeiter freuen sich z. B., weil sie in der

Vergangenheit sehr zuverlässig Spam-E-Mails erkannt haben. Die **instrumentelle Einstellung** stellt die Überzeugungen einer Person dar, wie die Auswirkungen einer bestimmten Verhaltensweise sind. Sind die Mitarbeiter überzeugt, dass eine offene Serverraumtür die ganze Firma ruiniert, ist die Wahrscheinlichkeit hoch, dass sie die Tür abschließen.

Wahrgenommene Norm Die wahrgenommene Norm repräsentiert den von einer Person gefühlten Druck des sozialen Umfelds, ob ein Verhalten ausgeführt werden soll oder nicht. Im IBM wird zwischen der injunktiven und der deskriptiven Norm unterschieden. Bei der **injunktiven Norm** handelt es sich um die gefühlte Norm, die im sozialen Umfeld der Person herrscht. Sie sagt aus, was die Person denkt, welches Verhalten die anderen akzeptieren oder nicht akzeptieren. Beeinflusst wird die injuktive Norm von den Überzeugungen, welches Verhalten die Menschen im Umfeld von der Person erwarten und von der Motivation der Person diesen Erwartungen gerecht zu werden (Stroebe et al. 1998). Die **deskriptive Norm** bezieht sich auf die Wahrnehmung einer Person, wie sich andere im sozialen Umfeld tatsächlich verhalten, ohne dabei zu beachten, ob das Verhalten von anderen gebilligt oder nicht gebilligt wird (Aronson et al. 2010). Auch hier sind Überzeugungen über das Verhalten der anderen beteiligt.

Persönliche Handlungsfähigkeit Die persönliche Handlungsfähigkeit setzt sich aus der Selbstwirksamkeitserwartung und der wahrgenommenen Verhaltenskontrolle zusammen. Die **Selbstwirksamkeitserwartung** (oder Wirksamkeitsüberzeugung) bezeichnet die Überzeugung einer Person, mit ihren individuellen Kompetenzen herausfordernde Aufgaben bestehen zu können (Luszczynska und Schwarzer 2005). Die Selbstwirksamkeitserwartung beschreibt also, wie sich eine Person die Ausführung eines Verhaltens zutraut. Sie bezieht sich nur auf die eigenen Fähigkeiten. Die **wahrgenommene Verhaltenskontrolle** beschreibt die von einer Person eingeschätzte Wahrscheinlichkeit, dass sie über die benötigten Ressourcen zur Ausführung des Verhaltens verfügt und dass sich die Gelegenheit zur Ausführung ergibt (Stroebe et al. 1998). In diese Überzeugung spielen auch externe Einflüsse eine Rolle und eine Einschätzung, ob die Ausführung des Verhaltens eher einfach oder schwierig wird.

Bei der Anwendung des integrierten Verhaltensmodells auf eine konkrete Verhaltensweise ist darauf zu achten, dass sich die beeinflussenden Faktoren auf dem gleichen Allgemeinheitsniveau befinden (Stroebe et al. 1998; Schwarzer 2004). Ist die betrachtete Verhaltensweise „Wahl eines sicheren Passwortes", bezieht sich der Einflussfaktor *Wissen* darauf, was eine Person über ein sicheres Passwort weiß und nicht was sie generell über Informationssicherheit weiß.

Das Modell sollte immer auf eine konkrete Verhaltensweise angewendet werden. Anstatt also das generelle Ziel „informationssicheres Verhalten" zu propagieren, sollten Sie die einzelnen Verhaltensweisen untersuchen, die in ihrer Summe ein informationssicheres Verhalten ergeben.

▶ Das Integrierte Verhaltensmodell zeigt, wie das Verhalten eines Menschen zustande kommt und was der Ausführung eines informationssicherheitskonformen Verhaltens eventuell im Wege steht.

Wie auf ein konformes Verhalten hingewirkt werden kann, erklären wir Ihnen in Kap. 6.

Mitarbeiter zielgerichtet sensibilisieren 4

4.1 Erfolgsfaktoren von Sensibilisierungsmaßnahmen

Mitarbeiter sind eine wichtige Stütze für das Informationssicherheitskonzepts jedes Unternehmens. Die Awareness der Mitarbeiter – also der Grad der Sensibilisierung – für die Informationssicherheit entscheidet darüber, wie gut sie ihre Funktion als Stütze wahrnehmen können. Je mehr die Mitarbeiter über mögliche Bedrohungen und entsprechende Gegenmaßnahmen wissen und je mehr sie sich dann auch entsprechend ihres Wissens verhalten, umso besser ist es um die Sicherheit von sensiblen Unternehmensinformationen bestellt.

Viele Unternehmen haben mittlerweile verstanden, dass die Sensibilisierung der Mitarbeiter wichtig ist. Sie neigen aber häufig dazu, „irgendetwas" zu tun. Gerne entstehen in diesem Zusammenhang Aussagen, wie:

- „Wir haben da ein E-Learning – das ist Pflicht für alle Mitarbeiter."
- „Wir verschicken regelmäßig Newsletter."
- „Wir versenden Test-Phishing-E-Mails und schauen dann, wie viele Mitarbeiter darauf hereinfallen."
- „Wir haben Aufklärungsvideos erstellen lassen."

Alles Maßnahmen, die zur Sensibilisierung der Mitarbeiter für Informationssicherheit beitragen können. Ob sie es tatsächlich tun, wissen die meisten Unternehmen schlicht nicht. Das liegt unter anderem daran, dass die wenigsten Unternehmen den Erfolg dieser Maßnahmen messen (vgl. Kap. 6). Zudem fehlt das Verständnis darüber, wie individuell Security Awareness eigentlich ist und welchen Einfluss Awareness auf das informationssicherheitskonforme

© Springer Fachmedien Wiesbaden GmbH, ein Teil von Springer Nature 2019
K. Weber et al., *Grundlagen und Anwendung von Information Security Awareness,* essentials, https://doi.org/10.1007/978-3-658-26258-7_4

Verhalten hat. Die Unternehmen wissen daher nicht, wie es um die Security Awareness der Mitarbeiter vor und nach der Durchführung der Maßnahmen bestellt ist.

Aktuell ist der „One Size Fits All"-Ansatz bei der Mitarbeitersensibilisierung vorherrschend. Einer Umfrage der Allianz für Cybersicherheit zufolge, berücksichtigen 54 % der Unternehmen keine branchenspezifischen Risiken oder Gefährdungen bei der Auswahl von Security Awareness Maßnahmen (Allianz für Cybersicherheit 2016). 39 % aller Unternehmen nutzen das gleiche Maßnahmenpaket für alle Mitarbeiter und 15 % schulen nur IT-Mitarbeiter.

Beispiel

Beispiele aus der Praxis zeigen, dass Sensibilisierungskonzepte dann erfolgreich sind, wenn sie gezielt auf die Bedürfnisse der Unternehmen und ihrer Mitarbeiter eingehen. Der Luxusuhrenhersteller IWC Schaffhausen begann 2012 mit seiner Security Awareness Kampagne. IWC kombiniert verschiedene Awareness Maßnahmen wie z. B. Live Hacking, Newsletter, Gewinnspiele und „Lunch & Learn" Veranstaltungen. Erfolgsfaktor der immer noch andauernden Kampagne ist die zielgruppenspezifische Aufbereitung der verschiedenen Maßnahmen. Die Mitarbeiter sollen verstehen, welche Informationen geschützt werden müssen, warum und welchen Beitrag sie dazu leisten können (DXC Technology 2017).

(Bada et al. 2014) zeigen, warum viele Maßnahmen zur Mitarbeitersensibilisierung versagen und identifizieren fünf Faktoren, welche die Effektivität von Security Awareness Kampagnen verbessern:

- Professionelle Vorbereitung und Organisation
- Keine Ängste bei Mitarbeitern schüren
- Zielgerichte und umsetzbare Schulungsinhalte
- Neue Verhaltensweisen kontinuierlich trainieren und Feedback geben
- Kulturelle Besonderheiten berücksichtigen

Wir haben ein Vorgehensmodell entwickelt, dass diese Aspekte und unser Verständnis von Security Awareness berücksichtigt. Mit der Anwendung unseres Modells werden Mitarbeiter gezielt für Informationssicherheit sensibilisiert. Gezielt heißt, dass sich die Sensibilisierungsmaßnahmen am aktuellen Zustand der Security Awareness und an den Rahmenbedingungen im Unternehmen orientieren. In Kurzform ist das Vorgehensmodell in (Weber und Schütz 2018) veröffentlicht.

4.2 Das Vorgehensmodell im Überblick

Die Kernidee zur Mitarbeitersensibilisierung ist in Abb. 4.1 dargestellt. Zunächst wird das aktuelle Verhalten der Mitarbeiter in Bezug auf die Informationssicherheit untersucht und der Grad der Awareness im Unternehmen gemessen. Die Analyse erfolgt beispielsweise mittels Simulationen, automatisierter Auswertung des Verhaltens der Mitarbeiter oder Fragebögen. Aus den Ergebnissen werden die Anforderungen an die Sensibilisierungsmaßnahmen abgeleitet. Als Maßnahmen steht eine Reihe existierender, z. T. kostenloser Bausteine zur Verfügung, bspw. Awareness-Videos oder E-Learning-Module im Internet. Darüber hinaus können Maßnahmen angepasst oder neu erstellt und umgesetzt werden. Es werden die Maßnahmen ausgewählt und miteinander kombiniert, die zu den ermittelten Anforderungen passen und gezielt die defizitären Awareness-Faktoren beeinflussen, z. B. die Gewohnheit.

Das Vorgehensmodell zur zielgerichteten Mitarbeitersensibilisierung besteht aus den zwei Phasen Analyse und Umsetzung mit insgesamt acht Aktivitäten. Tab. 4.1 gibt einen Überblick über die Phasen und Aktivitäten, die wir Ihnen nun in den folgenden Kapiteln vorstellen möchten.

Analysephase und Umsetzungsphase sollten mehrfach durchlaufen werden. Die Ergebnisse von Aktivität H fließen dann wieder in die Analyse ein. Dieses Vorgehen ermöglicht auch, klein zu starten und kontinuierlich an der Verbesserung der Security Awareness zu arbeiten. Zudem können neue Anforderungen, Bedrohungen und Erkenntnisse immer wieder in die Sensibilisierungsmaßnahmen einfließen.

An der FHWS – Hochschule für angewandte Wissenschaften Würzburg-Schweinfurt haben wir 2017 in einem Projekt begonnen, ein Informationssicherheitskonzept zu erarbeiten. Ein Teilprojekt beschäftigte sich mit der Sensibilisierung der Hochschulangehörigen. In diesem Projekt haben wir das hier beschriebene Vorgehensmodell erstmals praktisch angewendet. Die organisatorische und räumliche Verteilung der Hochschule auf zwei Standorte und

Abb. 4.1 Grobablauf und Kernidee der zielgerichteten Sensibilisierung

Tab. 4.1 Phasen, Aktivitäten und Ergebnisse des Vorgehensmodells. (Vgl. Weber und Schütz 2018)

Nr.	Aktivität	Ergebnis
Analysephase		
A	Verhalten identifizieren	Liste mit relevanten Verhaltensweisen
B	Interviews vorbereiten und führen	Mitschriften der Interviews, transkribierte Interviews
C	Interviews analysieren	Übersicht über Wissensstand, Überzeugungen, Emotionen und Barrieren
D	Fragebögen modellieren	Fragebogen
E	Persönliche Faktoren messen	Ist-Zustand Security Awareness
Umsetzungsphase		
F	Maßnahmen auswählen und Kampagne planen	Ablaufplan Sensibilisierungskampagne
G	Maßnahmen durchführen	Zielgerichtet sensibilisierte Mitarbeiter
H	Erneut messen	Erfolgsmessung der Maßnahmen

verschiedene Fakultäten sowie die Unterscheidung zweier Gruppen von Hochschulangehörigen (Studierende und Mitarbeiter), stellten die größten Herausforderungen dar. Wir konnten das Vorgehensmodell somit unter schweren Bedingungen testen. In den folgenden Kapiteln nehmen wir Bezug auf die Erfahrungen, die wir dabei gesammelt haben.

Analysephase

5

► Basis einer effektiven und zielgerichteten Sensibilisierung ist die Analyse der Ist-Situation im Unternehmen. Die Analyse erhebt die für Informationssicherheit relevanten Verhaltensweisen sowie eine Übersicht über den Wissensstand, die Überzeugungen, die Emotionen und mögliche Barrieren der Mitarbeiter.

5.1   A: Verhalten identifizieren

Die Auswahl der relevanten informationssicherheitskonformen Verhaltensweisen legt den Grundstein für alle weiteren Schritte. Sie müssen sich also erst einmal klar darüber werden, was Ihre Mitarbeiter leisten sollen. Verhaltensweisen, bei denen die Entscheidungen der Mitarbeiter eine essentielle Rolle für die Informationssicherheit spielen, sind beispielsweise „Ich wähle ein sicheres Passwort." oder „Ich sperre immer meinen Bildschirm bei Verlassen des Arbeitsplatzes." (vgl. Abschn. 1.2). Die ausgewählten Verhaltensweisen werden im weiteren Verlauf analysiert und in der späteren Sensibilisierung berücksichtigt.

Es gibt drei verschiedene Arten von Sicherheitsmaßnahmen
- Technische Sicherheitsmaßnahmen z. B. Firewalls, Virenscanner, Spamfilter, Festplattenverschlüsselung
- Personelle Maßnahmen z. B. die Sensibilisierung der Anwender

© Springer Fachmedien Wiesbaden GmbH, ein Teil von Springer Nature 2019
K. Weber et al., *Grundlagen und Anwendung von Information Security Awareness,* essentials, https://doi.org/10.1007/978-3-658-26258-7_5

- Organisatorische Maßnahmen z. B. ein Konzept zur Informationsklassifikation, Richtlinien, Notfallmanagementprozesse, abschließbare Schränke, Zutrittsberechtigungen, definierte Verantwortlichkeiten, die Dokumentation von Systemänderungen

In einem durchdachten Informationssicherheitskonzept muss berücksichtigt werden, dass diese drei Arten von Maßnahmen existieren, wie sie ineinandergreifen und zueinander passen. Das optimale Zusammenspiel aller Maßnahmen bringt den bestmöglichen Schutz für das Unternehmen.

Bei der Auswahl relevanter Verhaltensweisen sollten Sie sich zunächst klar werden, welche Rolle Ihre Mitarbeiter für die Informationssicherheit in Ihrem Unternehmen haben (sollen). Sie sollten auch einen (zumindest groben) Überblick darüber haben, welche technischen und organisatorischen Sicherheitsmaßnahmen existieren. Alles, was technisch sauber abgesichert werden kann bzw. abgesichert ist (100 % Sicherheit gibt es natürlich nie!), und wo daher der Mensch keine so große Rolle spielt, hat eine geringe Priorität für Sensibilisierungsmaßnahmen. Hätten Sie einen Phishing-Mail-Filter, der 100 % aller Phishing-Mails aussortiert, bräuchten Sie keine Gedanken an die Verhaltensweise „Ich klicke nicht auf Links in verdächtig wirkenden E-Mails" verschwenden.

Übersicht relevanter Verhaltensweisen
Um sich einen Überblick über infrage kommende Verhaltensweisen zu verschaffen, können Sie sich Kataloge mit Sicherheitsmaßnahmen oder Gefährdungen anschauen. Schreiben Sie alles heraus, bei denen der Mensch eine Rolle spielt. Die im BSI IT-Grundschutz-Kompendium beschriebenen Gefährdungen sind hierfür eine gute Basis (Bundesamt für Sicherheit in der Informationstechnik 2019). Wenn Sie es kompakter haben wollen, nehmen Sie den ISIS12-Katalog (Bayerischer IT-Sicherheitscluster e. V. 2018). Hierin befindet sich eine speziell auf die Bedürfnisse kleiner und mittlerer Unternehmen sowie Behörden reduzierte Version der Maßnahmen des BSI IT-Grundschutz-Kompendiums. Eine weitere mögliche Quelle sind Bücher zum Informationssicherheitsmanagement (z. B. Kersten und Klett 2015; Harich 2018; Whitman und Mattord 2019).
Konkreter wird es, wenn Sie sich mit Sicherheitsvorfällen in Ihrem Unternehmen auseinandersetzen. Überlegen Sie, bei welchen Vorfällen Mitarbeiter in

irgendeiner Art und Wiese beteiligt gewesen sind. Das kann sein, dass die Mitarbeiter Opfer eines Phishing-Angriffs gewesen sind; dass die IT vergessen hat, aktuelle Patches einzuspielen, die eine bekannte Lücke nicht rechtzeitig geschlossen haben; dass Mitarbeiter versehentlich Kundendaten an einen Konkurrenten geschickt haben oder dass in bestimmten Abteilungen Passwörter als Post-its am Bildschirm hängen.

Im Folgenden finden Sie ein paar Beispiele für mögliche Verhaltensweisen. An den Beispielen wird schnell ersichtlich, dass es schwierig ist, eine allgemeingültige Liste aufzustellen. Einige Verhaltensweisen sind in Ihrem Unternehmen vielleicht gar nicht relevant, weil Sie dafür eine technische oder organisatorische Lösung haben. In Behörden, an Hochschulen oder anderen öffentlichen Gebäuden wäre es Unsinn, unbekannte Personen anzusprechen. Wenn Sie keine geschäftlichen Smartphones haben, müssen diese auch nicht von den Mitarbeitern mittels PIN gesperrt werden. Einige der aufgeführten Verhaltensweisen werden bei Ihnen vielleicht eine Rolle spielen, sind aber vergleichsweise unwichtig, z. B. das Thema mit den USB-Sticks. Andere Verhaltensweisen sind nach neueren Erkenntnissen auch nicht mehr empfehlenswert, wie bspw. möglichst komplexe Passwörter zu wählen (Grassi et al. 2017). Aufgrund neuer Bedrohungen, geänderter gesetzlicher Vorgaben, neuer Geschäftsfelder oder Technologien ändern sich relevante Verhaltensweisen über die Zeit.

Beispiele für informationssicherheitskonforme Verhaltensweisen
- Ich wähle ein sicheres Passwort.
- Ich gebe oder nenne niemals jemandem mein Passwort.
- Ich öffne keine E-Mail-Anhänge.
- Ich sperre immer meinen Bildschirm beim Verlassen des Arbeitsplatzes.
- Ich schließe meine Tür beim Verlassen des Büros.
- Ich lasse keine Unterlagen mit sensiblen Informationen auf meinem Schreibtisch liegen.
- Ich spreche unbekannte, unbegleitete Personen auf dem Firmengelände an.
- Ich verwende keine USB-Sticks.
- Ich spreche außerhalb des Firmengeländes nicht über geschäftliche Angelegenheiten.
- Ich sperre mein Smartphone immer mit einem PIN-Code.
- Ich leite keine geschäftlichen E-Mails an meinen privaten E-Mail-Account weiter.

Auswahl relevanter Verhaltensweisen

Aus den Verhaltensweisen müssen Sie nun diejenigen auswählen, um die Sie sich im Rahmen der Sensibilisierungsmaßnahmen kümmern wollen. Wir empfehlen ein pragmatisches und intuitives Vorgehen. Sie müssen nicht alles auf einmal machen. Suchen Sie sich für den Anfang 5 bis 10 Verhaltensweisen heraus, von denen Sie spontan und intuitiv annehmen, dass Sie wichtig sind. Keine Panik, spätestens im nächsten Schritt werden Sie feststellen, wenn Sie etwas Wichtiges übersehen haben sollten. Und falls nicht, haben Sie immer noch die Möglichkeit, nach Aktivität H wieder ganz von vorne anzufangen. Wichtiger als Vollständigkeit ist, dass Sie überhaupt etwas tun und anfangen, sich um die Sensibilisierung Ihrer Mitarbeiter zu kümmern. Wenn Ihnen das zu unsicher erscheint, dann halten Sie zumindest noch Rücksprache mit ein bis zwei Experten Ihrer Wahl, z. B. aus dem IT-Helpdesk oder der IT-Administration.

Ergebnis

Liste mit relevanten Verhaltensweisen.

5.2   B: Interviews führen

Als Ergebnis von Aktivität A liegt Ihnen nun eine Liste mit Verhaltensweisen vor, welche die Mitarbeiter Ihres Unternehmens ausführen sollen. Vermutlich sind ein paar Verhaltensweisen darunter, bei denen Sie aktuell unzufrieden sind und wo Sie einen großen Nachholbedarf sehen. Nehmen wir als Beispiel „Ich wähle ein sicheres Passwort."

In Schritt B geht es nun vor allem darum, herauszufinden, warum dieses gewünschte Verhalten von den Mitarbeitern aktuell nicht praktiziert wird. Dies können technische Einschränkungen und Barrieren oder auch falsche Überzeugungen der Mitarbeiter sein. Nur wenn Sie die genauen Gründe bzw. Ursachen für ein falsches Verhalten kennen, können Sie dagegen auch etwas unternehmen. Der einfachste Weg ist, die Mitarbeiter nach den Gründen zu fragen. Alternativ können Sie auch Simulationen oder Beobachtungen durchführen. Aufgrund des deutlich größeren Aufwands bei nur wenig höherem Erkenntnisgewinn, verzichten wir auf eine Beschreibung der beiden letztgenannten Möglichkeiten.

Interviews vorbereiten

Aus der Liste mit den relevanten Verhaltensweisen werden nun Interviewfragen abgeleitet. Pro Verhaltensweise können das ca. fünf bis zehn Fragen sein. Die Fragen sollten so gestaltet sein, dass Sie möglichst viele Faktoren von Security

Awareness abfragen. Konzentrieren Sie sich auf die Überzeugungen, Emotionen und unterstützende Faktoren oder Barrieren, welche die Verhaltensabsicht beeinflussen sowie auf das Wissen der Interviewpartner. Gewohnheit und Salienz lassen sich am besten durch Simulationen messen und sollten daher eher auf die spätere Untersuchung verschoben werden. In den Interviews können Sie auch organisatorische oder technische Einschränkungen herausfinden, die ein informationssicherheitskonformes Verhalten vielleicht gänzlich unmöglich machen.

Für das Beispiel „Ich wähle ein sicheres Passwort." könnten folgende Fragen gestellt werden:

- Wie sieht ein sicheres Passwort aus? (Wissen)
- Kennen Sie Regelungen/Vorgaben bzgl. der Passwortgestaltung? (Wissen/Verhaltensabsicht)
- Achten Sie darauf, sichere Passwörter zu verwenden? (Verhaltensabsicht)
- Wünschen Sie sich Hilfestellung beim Erstellen sicherer Passwörter? (Verhaltensabsicht/unterstützender Faktor)
- Fühlen Sie sich mit Ihren aktuellen Passwörtern sicher? (Verhaltensabsicht/Wissen)
- Finden Sie, dass es wichtig ist, sichere Passwörter zu verwenden? (Verhaltensabsicht/Wissen)

Klären Sie vorher mit dem Datenschutzbeauftragten und dem Betriebsrat, ob Sie die Interviews führen dürfen. Erklären Sie, was Sie genau vorhaben, wozu die Interviews dienen und wie Sie mit den erhobenen Daten umgehen. Wir empfehlen die Daten zu anonymisieren. Es ist zunächst unerheblich, wer was gesagt hat.

▶ Das Vorgehen ist speziell für kleine und mittlere Unternehmen konzipiert. Adressat der Security Awareness-Maßnahmen ist dabei die gesamte Belegschaft des Unternehmens. Soll nur ein Teil des Unternehmens sensibilisiert werden, sollten Sie die Zielgruppe an dieser Stelle festlegen.

Wie viele Interviews Sie durchführen sollten, ist schwer zu beantworten. Je nach Unternehmensgröße sollten ca. 5 bis 10 % der Mitarbeiter befragt werden. Achten Sie vor allem darauf, möglichst heterogene Interviewpartner zu haben, also aus verschiedenen Abteilungen, Standorten, Führungsebenen mit unterschiedlicher IT-Affinität. Ziel ist es, ein möglichst umfassendes Verständnis über die sehr vielfältigen Gründe und Ursachen für nicht-sicherheitskonformes Verhalten zu bekommen.

Interviews durchführen

Die Interviews sollten immer von zwei Personen durchgeführt werden. Eine Person stellt die Fragen und die andere dokumentiert die Antworten. Die Interviews können einzeln oder in Gruppen erfolgen und sollten nicht länger als 30 min dauern. Wenn möglich, zeichnen Sie die Interviews auf.

Die Interviewer sollten ein gutes Gespür dafür haben, wann und wo es sich lohnt, bei den Interviewpartnern nachzuhaken. Meist bekommen sie auf die ersten Fragen noch sehr oberflächliche oder allgemeingültige Antworten. Durch gezieltes Nachfragen, vor allem mit der Frage „Warum?", offenbaren sich die tatsächlichen Ursachen und Gründe für ein bestimmtes Verhalten.

▶ Interviews sind eine anerkannte Methode der qualitativen Daten-
    erhebung in der Sozialforschung. Auch wenn Sie von Ihren Interviews
    keinen wissenschaftlichen Erkenntnisgewinn erwarten, sollten Sie sich
    mit der Methodik etwas auseinandersetzen. Durch ungeschulte Inter-
    viewer, falsch gestellte Fragen und ungünstige Rahmenbedingungen
    können die Ergebnisse verfälscht werden. Einen Überblick über typi-
    sche Interviewfehler und passende Gegenmaßnahmen finden Sie bei
    (Döring und Bortz 2016, S. 360 ff.).

Nach Abschluss der Interviews werden die Ergebnisse für die nächste Aktivität aufbereitet. Haben Sie die Interviews aufgezeichnet, können Sie sie transkribieren. Andernfalls vervollständigen Sie die Mitschriften der Interviews. Ordnen Sie die Antworten nach den Verhaltensweisen.

Diese Aktivität ist vor allem im ersten Durchlauf noch ziemlich aufwendig. Rechnen Sie mit ca. zwei bis vier Stunden pro Interview. Überlegen Sie also genau, wie viele Interviews Sie wirklich durchführen können. Das hängt vor allem davon ab, wie unterschiedlich die Personen sind. Wenn Sie nach einigen Interviews feststellen, dass Sie immer die gleichen Antworten bekommen, können Sie sich weitere Interviews sparen. Ob Sie nur zufällig ähnlich denkende Personen ausgewählt haben, oder ob tatsächlich alle Mitarbeiter den gleichen Awareness-Zustand haben, werden Sie in der nächsten Aktivität feststellen.

Erkenntnisse aus den Interviews im Hochschulprojekt
Im Hochschulprojekt wurden insgesamt ca. 30 Mitarbeiter aus verschiedenen Fakultäten und Serviceeinheiten der Hochschule befragt, darunter Dekane, technische Mitarbeiter und Verwaltungsangestellte. In unseren Interviews haben wir festgestellt, dass die Mitarbeiter wussten,

dass ein Passwort regelmäßig geändert werden sollte. Sie hatten jedoch nicht die Absicht, dies auch zu tun. Entsprechende Richtlinien der Hochschule hierzu wurden nicht kommuniziert. Die Mitarbeiter hatten die normative Überzeugung, dass die Passwortänderung nicht von ihnen erwartet wurde. Zusätzlich war der IT-Service zum Ändern des Passwortes nicht leicht zugänglich. Diese Barriere wirkte sich negativ auf die Einschätzung der persönlichen Handlungsfähigkeit aus.

Ergebnis
Mitschriften der Interviews, transkribierte Interviews.

5.3   C: Interviews analysieren

Die Erkenntnisse der Interviews werden in dieser Aktivität aufbereitet und analysiert. Das Ergebnis ist eine erste Übersicht über den aktuellen Wissensstand der Mitarbeiter, über Emotionen und Überzeugen hinsichtlich der Verhaltensweisen sowie über mögliche unterstützende Faktoren oder Barrieren. Diese Übersicht dient der Erstellung eines Fragebogens, mit welchem in der nächsten Aktivität die Security Awareness der restlichen Belegschaft erhoben wird.

Ordnen Sie die Aussagen aller Interviewpartner zu den einzelnen Verhaltensweisen und nach den verschiedenen Faktoren der Security Awareness. Versuchen Sie vorherrschende Überzeugungen und Emotionen abzuleiten. Überzeugungen sind bspw. „Das Passwort für meine Arbeitsprogramme ist nicht so wichtig. Es kommt niemand an das Programm heran." „Es fällt mir schwer, mich an das Passwort zu erinnern." „Regelungen zum Passwort wurden nicht kommuniziert." „Ich fühle mich mit meinen Passwörtern unsicher."

Beispiel Hochschulprojekt

Frage:	Wie häufig ändern Sie Ihr Passwort?
Wissen:	Das Passwort sollte man einmal im Jahr ändern.
Emotionen:	Ich habe Angst, dass ich das Passwort vergesse, daher ändere ich es nicht.

Überzeugungen:	Das Passwort ändert doch sowieso niemand.
Unterstützende Faktoren:	Mein Passwort-Manager erinnert mich daran, sobald ich mein Passwort ändern muss.
Barrieren:	Ich weiß immer nicht, wo ich das Passwort ändern kann

Für die nächste Aktivität sollten Sie auswählen, welchen Aussagen Sie weiter nachgehen wollen. In der Regel sind das die Überzeugungen oder Emotionen, die von mehreren Interviewpartnern genannt wurden und deren Bedeutung daher für Ihr Unternehmen höher ist. Überzeugungen, die ein erhebliches Sicherheitsrisiko darstellen, sollten Sie ebenfalls in die weitere Untersuchung einbeziehen. Auch in diesem Schritt gilt: Pragmatismus vor Genauigkeit. Erstellen Sie am besten eine kurze Zusammenfassung pro relevante Verhaltensweise, wie das folgende Beispiel zeigt.

Zusammenfassung von Wissen, Emotionen, Überzeugungen, unterstützenden Faktoren und Barrieren zum Thema Passwort im Hochschulprojekt
Der Großteil der Mitarbeiter ändert das Passwort nicht, häufig nicht einmal das Initialpasswort. Wenn jemand sein Passwort ändert, dann aus Prinzip regelmäßig (Erinnerung in Outlook eingestellt). Das ist aber nur ein sehr kleiner Teil. Sie wissen, dass Passwortänderungen sicherheitsrelevant sind, machen es aber trotzdem nicht. Mehrere Barrieren: Es fällt ihnen schwer, sich an Passwörter zu erinnern und benötigen eine Hilfestellung (fast alle). Viele wissen auch nicht, wie sie das Passwort ändern können.

Wenn die Mitarbeiter ein Passwort wählen, dann ein sicheres. Die Regeln für die Passwortgestaltung kannten alle. Die meisten merken sich ihr Passwort im Kopf. Ein sehr großer Teil hat daher Probleme, sich an neue Passwörter zu erinnern. Einige schreiben das Passwort deshalb auf einen Zettel, den sie ihrer Meinung nach einigermaßen sicher verstauen (Schublade).

Es wäre interessant zu hinterfragen, warum genau die Mitarbeiter ihr Passwort nicht ändern, neben den Barrieren. Welche Konsequenzen fürchten sie? Haben sie z. B. Angst Ihr Passwort zu verlieren?

Ergebnis

Übersicht über Wissensstand, Überzeugungen, Emotionen, unterstützende
Faktoren und Barrieren.

5.4   D: Fragebögen modellieren

In dieser und der nächsten Aktivität geht es nun darum, die durch die Interviews
stichprobenartig erhobenen Erkenntnisse für den Rest der Belegschaft zu überprüfen und somit ein Gesamtbild der Security Awareness zu erhalten. Dazu werden in dieser Aktivität Fragebögen erstellt, mittels derer die Security Awareness
quantitativ gemessen wird.

Das Messen von Security Awareness ist ein heikles Thema, für das es derzeit
keine wirklich guten Methoden gibt (vgl. Kasten). Wir haben uns für strukturierte
Fragebögen mit geschlossenen Fragen entschieden.

**Security Awareness messen in Praxis und Wissenschaft – es ist nicht immer
drin, was draufsteht**

Eine Liste des „SANS Institute" (Spitzner 2014) zeigt mögliche Metriken für Security Awareness, wie die Anzahl infizierter Rechner im Unternehmen sowie Ergebnisse von Umfragen, Brute-Force-Versuchen auf
Passwörter, nächtlichen Prüfungen auf nicht gesperrte Computer und
Social-Engineering-Angriffen per Telefon oder E-Mail. Daneben gibt es
Ansätze zur Messung der Security Awareness mittels Befragung (Kruger
und Kearney 2006; Haucke und Helisch 2009; Filippidis et al. 2018) und
durch das Versenden fingierter Phishing-E-Mails (Dodge Jr et al. 2007;
Franz und Kelm 2018). (Khan et al. 2011) stellen einen Ansatz vor, wie
mit Metriken wie Sicherheitsvorfällen, Anrufen beim Help Desk oder der
Anzahl der Zugriffe auf unautorisierte Webseiten Security Awareness
gemessen werden kann.

Die meisten dieser Ansätze messen tatsächlich das informationssicherheitskonforme Verhalten und nicht die Security Awareness. Die Messungen geben also Auskunft darüber, inwieweit Mitarbeiter die Regelungen
des Unternehmens befolgen. Welche Gründe zu dem jeweiligen Verhalten
führen, geht daraus nicht hervor. Ob den Mitarbeitern das Wissen oder die
Motivation fehlt, oder ob eine technische Hürde für unerwünschtes Verhalten verantwortlich ist, wird nicht ersichtlich.

(Kammerhofer 2011) schlägt eine Security Awareness Kennzahl vor,
die sich zusammensetzt aus u. a. der Messung der Effektivität von Schulungen durch Tests, die Prozentanzahl der Mitarbeiter, die Informationssicherheitsschulungen erhalten haben und das Feedback der Teilnehmer zu
den Informationssicherheitsschulungen. Diese Kennzahlen berücksichtigen
noch nicht einmal das Verhalten der Mitarbeiter und lassen keine Rückschlüsse auf eine veränderte Sicherheitslage zu.

Pro Verhaltensweise leiten Sie aus der in Aktivität C erstellten Übersicht
Annahmen ab, die Sie mit dem Fragebogen überprüfen wollen. Zur Verhaltens-
weise „Ich ändere mein Passwort regelmäßig" passen beispielsweise folgende
Annahmen:

- Die Mitarbeiter wissen, wie ein sicheres Passwort aussieht.
- Mitarbeiter finden es nicht schwer, ein sicheres Passwort zu erstellen.
- Ein Großteil der Mitarbeiter ändert ihr Passwort höchstens einmal.
- Mitarbeiter ändern ihr Passwort nicht/selten, da sie es schwierig finden, sich
  ein neues Passwort zu merken.
- Mitarbeiter möchten Hilfestellung bei der Passwortänderung (Passwort soll
  ablaufen, Erinnerung per E-Mail).
- Mitarbeiter wissen nicht, wo sie das Passwort ändern können.

Im Fragebogen können Sie unterschiedliche Methoden nutzen, um die Security
Awareness Faktoren zu messen. Das Wissen der Mitarbeiter kann über klassische Wissensfragen abgefragt werden. Um die Auswertung möglichst einfach zu
gestalten, bieten sich vor allem Multiple Choice Fragen an. Beispielsweise sollen
die Mitarbeiter aus einer Liste von Passwörtern die vermeintlich sicheren Passwörter aussuchen.
      Um die Stärke der ermittelten Überzeugungen zu messen und so auf die Ver-
haltensabsicht zu schließen, werden mit den Fragen verknüpfte Skalen verwendet,
die je nach Konstrukt variieren können. Der Mitarbeiter drückt damit aus, wie
stark seine Zustimmung oder Ablehnung hinsichtlich der Überzeugung ist. Mit
dem Self-Report Habit Index gibt es einen ähnlichen Ansatz, um die Gewohnheit zu messen (vgl. Verplanken und Orbell 2003). Lediglich die Salienz des Verhaltens lässt sich schwer mittels Fragebogen ermitteln. Simulationen könnten
hierfür – und auch für die Gewohnheit – ein geeignetes Mittel sein. Eine solche
Test-Umgebung ist allerdings sehr aufwendig zu betreiben.

Überzeugungen messen

Für die Überzeugung „Ich lege Wert darauf, bei Hochschulanwendungen sichere Passwörter zu benutzen." verwendeten wir eine fünfstufige Skala von „stimme voll und ganz zu" bis „stimme überhaupt nicht zu". In diesem Fall erlaubten wir auch noch die Auswahl „weiß nicht". Gleiches gilt für „Ich finde es schwierig, mir neue Passwörter zu merken." und „Ich wünsche mir eine Erinnerung, wenn das Passwort geändert werden sollte." Für die Aussage „Ich wünsche mir Hilfestellung für das Merken von Passwörtern." erlaubten wir nur die Antworten ja, nein und weiß nicht. Bei „Ich weiß, wo ich das Hochschulpasswort ändern kann." nur ja, nein und nicht sicher.

Auch diesen Schritt sollten Sie mit Betriebsrat und Datenschutzbeauftragten abstimmen. Die Befragung erfolgt natürlich anonym. Sie sollten aber gut überlegen, welche demografischen und organisationsbezogenen Daten Sie abfragen. Je zielgruppenspezifischer Sie später die Sensibilisierungsmaßnahmen durchführen wollen, umso mehr Angaben benötigen Sie. Meist haben Sie durch die Interviews schon ein Gefühl dafür bekommen, zwischen welchen Zielgruppen möglicherweise große Unterschiede bestehen. Es kann sinnvoll sein, folgendes abzufragen: Standort, Abteilung oder Geschäftsbereich, IT-Affinität, Betriebsangehörigkeit in Jahren, Alter, Leitungsfunktion. Ggf. müssen Sie verschiedene Sprachen berücksichtigen. Sind die Zielgruppen sehr heterogen, macht es sogar Sinn, verschiedene Fragebögen zu erstellen. In unserem Hochschulprojekt haben wir einen Fragebogen für die Mitarbeiter und einen Fragebogen für die Studierenden erstellt.

Wie viele Fragen der Fragebogen am Ende umfassen wird, hängt von der Anzahl der ausgewählten Verhaltensweisen und der Ergebnisse der Interviews ab. Achten Sie darauf, dass es nicht zu viele sind, sodass die Beteiligten ausreichend motiviert sind, den Fragebogen bis zum Ende auszufüllen. Die einfachen, strukturierten Fragen mit den oben gezeigten Antwortmöglichkeiten sind schnell beantwortet. Bei ca. 50 solcher Fragen, ist der Fragebogen in unter 10 min auszufüllen. Das ist ein vertretbarer Zeitaufwand. Sie können den Fragebogen noch um Freitextfelder ergänzen, in denen die Probanden Kommentare eingeben können. Von mitteilungsbedürftigen Mitarbeitern bekommen Sie darüber sehr wertvolle Hinweise.

Ergebnis

Fragebogen.

5.5   E: Persönliche Faktoren messen

Dieser Teil der Analysephase sollte möglichst aufwandsarm ablaufen, aber dennoch eine zuverlässige Auswertung der vorherrschenden Security Awareness
ermöglichen. Idealerweise nutzen Sie daher ein Fragebogentool, mit welchem Sie
sowohl die Umfrage durchführen als auch die Ergebnisse auswerten können. Im
Hochschulprojekt haben wir die Open-Source-Software LimeSurvey verwendet,
da sie an der Hochschule bereits im Einsatz und vom Datenschutzbeauftragten
freigegeben war.

▶   Sie sparen sich wertvolle Zeit, wenn Sie den Fragebogen vorab als
     Papierversion von verschiedenen Personen lesen und beantworten
     lassen. Unklarheiten in den Fragestellungen, fehlende Antwort-
     möglichkeiten, ungewollte Abhängigkeiten zwischen Fragen oder
     eine unsinnige Reihenfolge der Fragen bekommen Sie so schnell her-
     aus. Sind die Fragen erst einmal im Tool, sind manche Änderungen am
     Fragebogen mit erheblichem Aufwand verbunden.

Umfrage planen
Tools bieten vielfältige Möglichkeiten, den Fragebogen inhaltlich zu modellieren
und auch verschiedene administrative Einstellmöglichkeiten. Sie können Begrü-
ßungstexte formulieren, die Fragen zu Gruppen zuordnen, Fragen in Abhängig-
keit der Antworten von vorherigen Fragen anzeigen lassen, Zugangsschlüssel
vergeben, den Zeitraum der Befragung eingrenzen usw. Erstellen Sie alle Fragen
und Antworten wie in Aktivität D festgelegt. Testen Sie den fertigen Fragebogen
auf Funktionsfähigkeit und stoppen Sie die Zeit für einen Durchlauf. Dauert die
Beantwortung länger als gewünscht, sollten Sie die Anzahl der Fragen reduzieren.
   Bevor es losgehen kann, müssen Sie sich Gedanken machen, wie Sie die Mitarbeiter motivieren, an der Umfrage teilzunehmen. Überlegen Sie, wenn vorhanden, gemeinsam mit der Kommunikationsabteilung, über welche Medien Sie
ihre Mitarbeiter am besten ansprechen. Nutzen Sie die vorhandenen und bekannten
Kommunikationskanäle Ihres Unternehmens. Newsletter, Intranet, E-Mails, Mit-
arbeiterversammlungen, Flyer oder interne Briefe sind möglich. Suchen Sie einen
geeigneten Zeitraum für die Befragung. Ungeeignet sind Zeiträume, in denen

ein signifikanter Teil der Belegschaft Urlaub hat oder geschäftsintensive Zeiten, wie z. B. Jahresabschluss, Ausschreibungsverfahren, Messen oder Kundenveranstaltungen. Motivationssteigernd kann eine Verlosung von Preisen unter den Teilnehmern sein. Idealerweise haben die Preise etwas mit Informationssicherheit zu tun, wie z. B. Fachliteratur, Besuch eines Seminars oder ein Mittagessen mit der Informationssicherheitsbeauftragten. Sie können die Umfrage bspw. zwei Wochen laufen lassen und ggf. zwischendurch noch einmal an die laufende Umfrage erinnern.

▶   Seien Sie in der Kommunikation so offen und ehrlich wie möglich. Erklären Sie, wozu die Umfrage dient und was Sie mit den Ergebnissen vorhaben. Eventuell können Sie auf vergangene Sicherheitsvorfälle im Unternehmen verweisen. Wichtig ist, herauszustellen, dass es nicht darum geht, Fehlverhalten aufzuzeigen oder Personen an den Pranger zu stellen. Stellen Sie die wichtige Rolle der Mitarbeiter als Stütze Ihres Informationssicherheitskonzepts heraus (vgl. Abschn. 1.1). Letztendlich sollen die Mitarbeiter von den Security Awareness Maßnahmen profitieren. Sie werden sicherer und selbstbewusster im Umgang mit Informationstechnik innerhalb des Unternehmens, aber auch im privaten Umfeld.

Umfrage auswerten

Ist der Zeitraum der Befragung beendet, geht es an die Auswertung und Analyse der Ergebnisse. Auch wenn es zur individuellen Sensibilisierung wünschenswert wäre, lassen der Datenschutz und auch der Pragmatismus keine personenbezogenen Auswertungen zu. Es reicht völlig, wenn Sie die Ergebnisse in Gruppen zusammenfassen, bspw. Vertriebsmitarbeiter, Mitarbeiter an Standort A, Abteilungsleiter. Das Fragebogentool bietet dafür idealerweise gefilterte Auswertungen. Gerade im ersten Durchlauf ist vermutlich aber nicht mal eine gruppenspezifische Auswertung nötig.

Aufgrund der Umfrageergebnisse sehen Sie, ob Ihre Annahmen aus Aktivität D richtig waren und die in den Interviews gewonnenen Erkenntnisse auf den Rest des Unternehmens übertragbar sind. Neben der reinen Auswertung einzelner Fragen, kann es interessant sein, nach Abhängigkeiten zwischen Fragen zu suchen. So finden Sie Widersprüche heraus, die bedeuten können, dass auf einige Fragen nicht wahrheitsgemäß geantwortet wurde oder eine nähere Untersuchung der Ursachen nötig wird.

Beispielsweise kann die Aussage „Ich lege Wert darauf, sichere Passwörter zu benutzen." mit den Ergebnissen der Wissensabfrage, wie sichere Passwörter aussehen, verknüpft werden. Wenn die Personen, die der oberen Aussage zugestimmt haben, die Merkmale eines sicheren Passwortes gar nicht kennen, ist deren Zustimmung nicht viel Wert.

Die Gesamtheit dieser Ergebnisse gibt nun einen Überblick über die Security Awareness im Unternehmen. Durch die Interpretation der Ergebnisse ist ersichtlich, wo die Schwächen und Stärken der einzelnen Gruppen liegen und welche Verhaltensweisen besonders brisant sind (wenn diese nicht sowieso durch Schadensfälle aus der Vergangenheit schon hinreichend bekannt sind). Um die Ergebnisse als eine konkrete Kennzahl zu nutzen, sollten sie sich Skalen überlegen und die Ausprägung der Faktoren anhand dieser Skalen zu bewerten. Zusammengerechnet ergeben die Ausprägungen der Faktoren dann eine Kennzahl Security Awareness. Sie kann zusätzlich noch mit automatisierten Messungen vom tatsächlichen Verhalten der Mitarbeiter angereichert werden. Das Messen von Security Awareness ist allerdings derzeit noch Gegenstand unserer Forschung (vgl. Abschn. 6.3).

Ergebnis

Ist-Zustand Security Awareness.

Umsetzungsphase

6

▶ Die Ergebnisse der Analysephase fließen in die Auswahl und Gestaltung der Sensibilisierungsmaßnahmen ein. Die Maßnahmen berücksichtigen so die Ist-Situation im Unternehmen und wirken gezielt auf die sensibilisierungsbedürftigen Verhaltensfaktoren. Eine Sensibilisierungskampagne kombiniert zielgruppenspezifisch verschiedene Maßnahmen über einen definierten Zeitraum und ähnelt somit einer Marketingkampagne.

6.1 F. Maßnahmen auswählen und Kampagne planen

Durch die umfangreiche Analyse wissen Sie nun, welche Verhaltensweisen in Ihrem Unternehmen relevant sind. Sie wissen, welches Wissen, welche Überzeugungen und welche Emotionen Ihre Mitarbeiter bezüglich dieser Verhaltensweisen haben. Sie kennen technische und organisatorische Barrieren, die das informationssicherheitskonforme Verhalten Ihrer Mitarbeiter behindern. Nun können Sie gezielt die Sensibilisierungsmaßnahmen auswählen, welche die Eignung besitzen, auf die festgestellten Schwachstellen einzugehen. Fehlendes Wissen soll erhöht, mangelnde Gewohnheit gefördert, falsche Überzeugungen korrigiert und negative Emotionen ins Positive gewandelt werden.

Dieser Abschnitt stellt Ihnen vor, auf welche Faktoren „klassische" Security Awareness Maßnahmen grundsätzlich einwirken können und wie dies am effektivsten getan werden kann. Einen Katalog, aus dem Sie aus der unüberschaubaren Anzahl an zur Verfügung stehenden Maßnahmen einfach die passenden auswählen können, gibt es derzeit noch nicht. Die folgenden Ausführungen basieren auf (Schütz und Weber 2017, S. 6 ff.).

© Springer Fachmedien Wiesbaden GmbH, ein Teil von Springer Nature 2019
K. Weber et al., *Grundlagen und Anwendung von Information Security Awareness,* essentials, https://doi.org/10.1007/978-3-658-26258-7_6

Gängige Maßnahmen, wie Präsenzveranstaltungen (z. B. Schulungen, Vorträge) und soziales Marketing (z. B. Flyer, Poster, bedruckte Tassen), haben das Potenzial, eine große Anzahl von Faktoren anzusprechen. Organisatorische Maßnahmen, welche die organisatorischen Aspekte der Security Awareness adressieren, sind z. B. die Informationssicherheitsleitlinie und das Informationssicherheitsteam. Daneben gibt es Maßnahmen oder unterstützende Faktoren, welche die Ausführung des Verhaltens erleichtern, wie beispielsweise eine optimierte Usability. Einen Überblick über die verschiedenen Maßnahmen sowie die von ihnen jeweils beeinflussbaren Faktoren gibt Tab. 6.1.

Wirkung von Maßnahmen auf die Awareness-Faktoren
Präsenzveranstaltungen haben aufgrund ihrer Flexibilität das Potenzial, auf fast alle verhaltensbildenden Faktoren einzuwirken. Klassischerweise wird in Präsenzveranstaltungen, wie z. B Schulungen, das Wissen erhöht. Durch Übungen und Training kann aber auch die Gewohnheit beeinflusst werden. Je öfter ein Mitarbeiter ein Verhalten wiederholt, umso eher kann sich eine Gewohnheit etablieren (Triandis 1977). So kann zum Beispiel gefördert werden, dass ein Mitarbeiter beim Verlassen seines Arbeitsplatzes aus Gewohnheit den Bildschirm sperrt. Hierfür sollte das Verhalten möglichst situationsnah, beispielsweise durch Plan- und Rollenspiele trainiert werden (Rieb et al. 2017). Durch Einübung des Verhaltens können auch die Emotionen, wie zum Beispiel Angst vor einer bestimmten Verhaltensweise gemindert und die Überzeugungen diesbezüglich gefördert werden. Damit durch eventuelles Scheitern keine negativen Emotionen aufgebaut werden, sollten die Mitarbeiter beim Einüben von neuen Verhaltensweisen Unterstützung bekommen. Vorherrschende Überzeugungen sollten, je nach erwünschtem Verhalten, gestärkt, geschwächt oder aber geändert

Tab. 6.1 Darstellung der Maßnahmen und der von ihnen beeinflussten Faktoren. (In Anlehnung an Schütz und Weber 2017, S. 7)

Maßnahme	Beeinflusste Faktoren
Präsenzveranstaltungen	Wissen, Gewohnheit, Emotionen, Verhaltensüberzeugungen, Wirksamkeitsüberzeugungen, Kontrollüberzeugungen, normative Überzeugungen (Erwartungen)
Soziales Marketing	Wissen, Salienz, Verhaltensüberzeugungen, Emotionen, normative Überzeugungen (Erwartungen)
Organisatorische Maßnahmen	Wissen, Verhaltensüberzeugungen, Wirksamkeitsüberzeugungen, normative Überzeugungen (Erwartungen)
Unterstützende Faktoren	Kontrollüberzeugungen, Wirksamkeitsüberzeugungen

werden (Ajzen 2006). Eine Überzeugung kann sich beispielsweise ändern, wenn der Person, die die Überzeugung hält, widersprüchliche Informationen präsentiert werden (Kabay 2002). Mitarbeitern, die überzeugt sind, dass fremde USB-Sticks gefahrlos benutzt werden können, sollten Gegenbeispiele und die Folgen ihres Handelns aufgezeigt werden.

Soziales Marketing kann eingesetzt werden, um für die Änderung von Verhaltensweisen zu werben (Baranowski et al. 2003). Zum sozialen Marketing gehören bspw. Plakate, Flyer, Newsletter, Blogs, Videos, soziale Netzwerke, Intranet, Onlinespiele, Tassen, andere Gadgets oder Mitarbeiterzeitschriften. Die Salienz des Verhaltens wird beeinflusst, indem das Verhalten dauerhaft prominent gemacht und hervorgehoben wird, z. B. durch die Erregung von Aufmerksamkeit oder durch visuelle Akzente (Baumeister und Vohs 2007). Werden Mitarbeiter beim Betreten der Kaffeeküche durch ein Plakat auf das Sperren des Bildschirmes hingewiesen, wird das Verhalten salient und die Mitarbeiter gehen zurück an den Arbeitsplatz, um den Bildschirm zu sperren. Salienz schafft auch ein Newsletter, der bei aktueller Bedrohungslage verschickt wird. Soziales Marketing erhöht als Nebeneffekt das Wissen, wenn auch nicht in solchem Maße wie Präsenzveranstaltungen. Sollen normative Überzeugungen beeinflusst werden, könnte zum Beispiel eine E-Mail von den Vorgesetzten oder ein Plakat Mitarbeitern genutzt werden, um die Botschaft zu überbringen.

Auch **organisatorische Maßnahmen,** die im Rahmen des ganzheitliches Sicherheitskonzeptes ohnehin erstellt werden, wirken auf die Security Awareness ein. Standardisierte Prozesse können Einschränkungen („Ich kann meinen Bildschirm nicht sperren") und Barrieren („Ich kann meinen Bildschirm nur umständlich sperren") beseitigen. Etablierte Ansprechpartner für Informationssicherheit können die Wirksamkeitsüberzeugungen und somit die Selbstwirksamkeitserwartung der Mitarbeiter positiv beeinflussen (Galvez und Guzman 2009). Eine Informationssicherheitsleitlinie erhöht durch ihren informativen Charakter Wissen und liefert als Regelwerk die Grundlage für normative Überzeugungen hinsichtlich der Erwartungen des Unternehmens. Sind auch die Konsequenzen, also Belohnungen und Sanktionen bei Einhalten/Nichteinhalten der Sicherheitsrichtlinien, in dem Dokument festgelegt, beeinflussen sie als extrinsische Motivation die Überzeugungen hinsichtlich der wahrgenommenen, injunktiven Normen (Aronson et al. 2010). Die Sanktionen wirken aber auch auf die Verhaltensüberzeugungen ein, indem den Mitarbeitern aufgezeigt wird, welche Folgen ihr Verhalten haben kann.

Unterstützende Faktoren, wie beispielsweise die Erhöhung der Usability von Anwendungssystemen, vereinfachen die Ausführung des jeweiligen Verhaltens und können auf die Kontroll- und Wirksamkeitsüberzeugungen einwirken.

Wurde in der Analyse festgestellt, dass die Passwortregeln nicht klar sind, könnten diese bei der Wahl eines neuen Passworts direkt im System angezeigt werden.

Für die Auswahl der passenden Maßnahmen spielen neben dem Inhalt und den zu beeinflussenden Faktoren weitere Kriterien eine Rolle, wie bspw. die Kosten, der Aufwand, die Reichweite, die Eigenschaften der Zielgruppe, gestalterische und zeitliche Einsatzmöglichkeiten sowie die bereits zur Verfügung stehenden Medien (vgl. Meffert et al. 2015, S. 586 f.). Es gibt im Internet bereits eine Menge an kostenlos verfügbaren Sensibilisierungswerkzeugen, vor allem aus dem Bereich des sozialen Marketings, z. B. Poster, Logos, Flyer, E-Learning-Module und Videos. Eine Recherche nach passenden Materialien lohnt sich daher. Eine gute Übersicht existiert, wie oben angesprochen, leider noch nicht.

Sensibilisierungskampagne und Marketing
Für die Planung und Umsetzung Ihrer Sensibilisierungskampagne können Sie sich – mindestens was die Maßnahmen des sozialen Marketings anbelangt – an Erkenntnissen aus dem Marketing orientieren (Helisch 2009b). Eine Sensibilisierungskampagne ähnelt letztendlich einer Marketing- oder Kommunikationskampagne. Das beworbene „Produkt" ist das informationssicherheitskonforme Verhalten. Suchen Sie sich daher Unterstützung von den Kommunikations- oder Marketingprofis in Ihrem Unternehmen.

Neben der Auswahl der passenden Maßnahmen oder Kommunikationsinstrumente spielen bei der Planung u. a. folgende Aspekte eine Rolle (vgl. Meffert et al. 2015):

- Definition der Zielgruppe inkl. geografischer und soziodemografischer Merkmale
- Festlegung des geografischen Geltungsbereiches (z. B. Standort, Gebäude, Räume)
- Festlegung und Verteilung des zur Verfügung stehenden Budgets
- Zeitliche Priorisierung der Aktivitäten
- Definition der Kreativstrategie, d. h. die inhaltliche und formale Ausgestaltung der Maßnahmen

Zusammengefasst müssen Sie also festlegen, wann welche Botschaft für wen mit welchem Kommunikationsinstrument in welcher Form übermittelt werden soll, unter Einhaltung der Rahmenbedingungen wie Budget und Eigenschaften der Zielgruppe. Wir empfehlen, vor allem die zeitliche Planung mit anderen (organisatorischen) Sicherheitsmaßnahmen abzustimmen. Legen Sie z. B. erst die Ansprechpartner für Informationssicherheit fest und erstellen Sie Informationssicherheitsleitlinie und

Richtlinien. Sind Sie gerade dabei, einen Passwortmanager einzuführen, ändert sich vermutlich die Kommunikationsbotschaft zum Thema Passwörter.

Wie lange Ihre Kampagne laufen sollte, ist wieder sehr individuell. Das hängt genauso von den zur Verfügung stehenden Ressourcen ab, wie von den Ergebnissen der Analysephase und den ausgewählten Maßnahmen. Wir empfehlen für den ersten Durchlauf einen zeitlichen Horizont von mindestens einem Jahr.

Ergebnis
Ablaufplan Sensibilisierungskampagne.

6.2 G: Maßnahmen durchführen

Nach der Planung der Sensibilisierungskampagne folgt nun deren Durchführung. Neben der eigentlichen Durchführung der Sensibilisierungsmaßnahmen, ist in dieser Aktivität auch noch einiges vorzubereiten. Beziehen Sie auch hier rechtzeitig Betriebsrat und Kommunikationsabteilung mit ein.

Die Instrumente des sozialen Marketings müssen gestaltet werden. Das Design für Plakate oder Newsletter muss entworfen werden, vielleicht ein eigenes Logo kreiert. Die Kommunikationsbotschaft muss erstellt werden. Plakate, Flyer oder Tassen müssen gedruckt bzw. bedruckt werden. Videos müssen gedreht oder in Auftrag gegeben werden. Technische Voraussetzungen müssen geschaffen werden, für die Versendung von Newslettern z. B. die Einrichtung einer E-Mail-Adresse. Ein Blog oder Wiki muss erstellt und eingerichtet werden oder eine entsprechende Seite im Intranet. Oder ein Twitter-, Youtube- oder Instagram-Account soll eröffnet werden. Dann müssen die Inhalte für Newsletter oder Blog geschrieben werden.

Tipp der Woche
Eine der Maßnahmen für die Zielgruppe der Studierenden im Hochschulprojekt war der „Tipp der Woche". Jede Woche wurde am Mittwoch morgen (da hier die meisten Vorlesungen stattfinden) ein neuer Tipp in Instagram und Facebook gepostet. Zusätzlich wurde der gleiche Inhalt hochschulweit auf den Infobildschirmen (von denen es mehrere an jedem Standort gibt) ausgestrahlt (vgl. Abb. 6.1). Primäres Ziel war die Erhöhung der Salienz zu den Themen Passwort, Phishing, Backup, mobile Endgeräte und soziale Medien. Wir haben ein eigenes Logo und eigene Fotos mit einem Wiedererkennungswert erstellt.

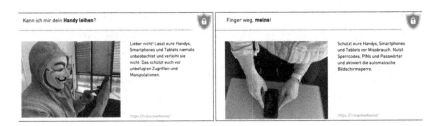

Abb. 6.1 Beispiele für „Tipp der Woche"

Für Präsenzveranstaltungen wie Schulungen, Trainings oder Informationsver-
anstaltungen müssen Inhalte erarbeitet werden. Trainer bzw. Redner gefunden,
Räume gebucht, Catering bestellt und die Teilnehmer eingeladen werden.

Und vergessen Sie nicht die Umsetzung organisatorischer Maßnahmen und
unterstützender Faktoren.

Bei aller Planung sollten Sie immer so flexibel sein, dass Sie in der Lage sind,
auf aktuelle Ereignisse zu reagieren. Das können bspw. die aktuelle Bedrohungslage sein oder akute Sicherheitsvorfälle. Kommt es z. B. gehäuft zu erfolgreichen
Phishing-Attacken, sollten Sie das thematisieren. Vielleicht war die Sensibilisierung zu diesem Thema doch nicht so erfolgreich, wie es die Analyse ergeben hat.

Diese Aktivität könnte aus Budgetgründen zukünftig, in Kombination mit den
automatisierten Fragebögen, z. B. durch ein digitales Lernprogramm mit indivi-
dualisierten Lerninhalten unterstützt werden.

E-Learning
Aufgrund der flexiblen Durchführbarkeit und vielfältigen Gestaltungsmög-
lichkeiten ist die Nutzung von E-Learning-Kursen in Unternehmen seit vielen Jahren sehr beliebt. E-Learning eignet sich besonders zur Vermittlung
von Wissen über Informationssicherheit. In den Kursen können Fakten,
Hintergründe und Arbeitsabläufe zu verschiedenen Verhaltensweisen
gelehrt und trainiert werden. Da die Verhaltensweisen der Informationssicherheit häufig digital ausgeführt werden, sind E-Learning-Kurse auch
dazu geeignet, die Gewohnheit der Anwender zu stärken. Das Tasten-
kürzel zum Sperren des Bildschirms kann beispielsweise mehrfach im Kurs
wiederholt und so eingeübt werden. Wenn Sie eine Marketingkampagne
zur Erhöhung der Salienz einer Verhaltensweise durchführen, kann ein
E-Learning-Kurs die Inhalte aufgreifen und die Kampagne unterstützen.

Auch bei der Verhaltensabsicht kann E-Learning punkten und Überzeugungen und Emotionen beeinflussen. Idealerweise wird dies durch Diskussionsgruppen im E-Learning verstärkt.

Ergebnis
Zielgerichtet sensibilisierte Mitarbeiter.

6.3 H: Erneut messen

Ist Ihre Kampagne erfolgreich gelaufen? Wurden alle Maßnahmen wie geplant durchgeführt? Ist die Security Awareness höher als noch vor einem Jahr? Nach einer definierten Zeitspanne, z. B. nach einem Jahr, sollten Sie den Erfolg ihrer Kampagne messen.

Messen macht aus mehreren Gründen Sinn. Sie sollten in der Lage sein, die Wirtschaftlichkeit Ihrer Maßnahmen, also das Verhältnis von Nutzen zu Kosten, gegenüber der Unternehmensleitung nachzuweisen (Helisch 2009a; Janik et al. 2018). Während die Kosten für Informationssicherheitsmaßnahmen noch vergleichsweise einfach zu ermitteln sind, ist der Nutzen meist schwer nachweisbar. Der Nutzen bzw. Erfolg von Sensibilisierungsmaßnahmen sollte sich letztendlich in einer Erhöhung der Informationssicherheit zeigen, also durch eine Verbesserung des Verhaltens der Beschäftigten in informationssicherheitsrelevanten Bereichen. Bspw. sollten weniger Beschäftigte auf Phishing-E-Mails hereinfallen und die Schäden durch Identitätsdiebstahl, Accountmissbrauch oder Datenverluste sinken. Eine hohe Security Awareness führt also idealerweise zur Abwesenheit von Informationssicherheitsvorfällen und deren negativen Auswirkungen auf Ihr Unternehmen. Anders ausgedrückt, Investitionen in Informationssicherheit zeigen ihren Nutzen darin, dass nichts passiert (Federrath 2006).

Am einfachsten sollte die Verbesserung der Security Awareness sichtbar werden, wenn Sie den Mitarbeitern den gleichen Fragebogen ausfüllen lassen wie in Aktivität E. Anhand der Antworten können Sie feststellen, in welchen Bereichen Veränderungen eingetreten sind. Idealerweise zeigt sich eine erhöhte Sensibilisierung der Mitarbeiter. Es gibt allerdings ein paar Aspekte, die das Ergebnis negativ beeinflussen können. Es könnte sein, dass andere Mitarbeiter den Fragebogen ausfüllen als beim ersten Mal (z. B. durch hohe Fluktuation). Oder die Mitarbeiter sind durch die Awareness-Kampagne sensibilisierter und beurteilen ihr Verhalten und ihr Wissen kritischer (also schlechter) als vor der Durchführung der Kampagne.

Eine weitere Möglichkeit, ist die Messung des informationssicherheits-konformen Verhaltens selbst (vgl. Kasten). Durch die Messergebnisse alleine, lassen sich allerdings nur bedingt Rückschlüsse auf die Security Awareness der Mitarbeiter ziehen (Janik et al. 2018). Werden zu viele sicherheitskritische Vor-fälle registriert, ist zumindest die These erlaubt, dass die Security Awaren-ess schlecht ausgeprägt ist. Umgekehrt bedeuten Messergebnisse, die auf ein informationssicherheitskonformes Verhalten hinweisen, nicht automatisch, dass die Security Awareness hoch ist. Die Belegschaft hält sich vielleicht einfach nur „stur" an die aufgestellten Regeln, ohne diese wirklich zu verstehen oder nach-vollziehen zu können.

Informationssicherheitskonformes Verhalten automatisiert messen
Eine möglichst standardisierte, wiederholbare und kostengünstige Mess-methode ist die automatisierte Erfassung an den stationären Computern der Belegschaft. Wir haben einen Prototypen entwickelt, um die daten-schutzkonforme Umsetzbarkeit dieser Alternative zu testen (vgl. Janik et al. 2018). Damit sich die Erhebung lohnt, und tatsächlich Rückschlüsse auf die Informationssicherheit erfolgen können, sollte das Verhalten häufig ausgeübt werden, idealerweise mehrmals pro Zeiteinheit (z. B. Tag, Monat). Die Mes-sung erfolgt über eine Client-Server Anwendung. Der Client wird auf den stationären Computern installiert, wo er anonym Daten erhebt. Die Erhebung erfolgt nicht permanent, sondern in zufälligen Intervallen, so dass keine voll-ständige Überwachung entsteht. Der Client übermittelt die erhobenen Daten an den Server. Die Anwendung auf dem Server aggregiert die Daten für eine Gruppe von Mitarbeitern, so dass keine individuelle Auswertung möglich ist. Die Ergebnisse werden auf einem Dashboard visualisiert.

Mit Hilfe des Prototypen lassen sich automatisiert mehrere Kennzahlen erheben, wie z. B. ob der Bildschirm bei Abwesenheit gesperrt wird, nicht freigegebene Software installiert wird und USB-Geräte verwendet werden. All diese Kennzahlen sollten nicht isoliert betrachtet werden, können aber dennoch Rückschlüsse auf das Verhalten zulassen. Beispiel Bildschirmsperre: Bewegt der Mitarbeiter eine gewisse Zeit lang seine Maus nicht und benutzt auch nicht die Tastatur, besteht das Risiko, dass er den Arbeitsplatz verlassen hat, ohne den Computer zu sperren. Es könnte auch sein, dass er am Arbeits-platz ein Papierdokument liest, telefoniert oder eine Präsentation hält.

Darüber hinaus sollten Sie noch messen, um die Qualität der durchgeführten Maßnahmen selbst bewerten zu können. Nicht im Sinne des Ergebnisses (bessere Sensibilisierung), sondern anhand anderer Fragen wie bspw.:

- Wie hoch waren die tatsächlichen Kosten im Vergleich zu den geplanten?
- Wie ist das Feedback der Teilnehmenden von Schulungen oder Präsenzveranstaltungen?
- Fand die Zielgruppe die Gestaltung der Kommunikationsbotschaften attraktiv?
- Welche Maßnahmen wurden wie stark wahrgenommen? Wurde die gewünschte Zielgruppe erreicht?
- Waren die Botschaften für die Zielgruppe verständlich?
- Fühlten sich die Betroffenen von den Maßnahmen genervt?

Für diese Fragen können Sie, wo möglich, geeignete Kennzahlen definieren. Die Beurteilung der Zielgruppe können Sie über Feedbackbögen, Online Fragebögen oder Befragungen herausfinden. Für Ihre Online-Aktivitäten bieten können Sie z. B. erheben, wie viele „Likes" Ihre Beiträge bekommen haben oder wie sich die Zugriffszahlen auf Blogs und Intranet verändern.

Auf Basis Ihrer Messung können Sie entscheiden, ob Sie das Vorgehen bei Aktivität A komplett neu starten oder ob die Erkenntnisse in die weitere Planung von Sensibilisierungsmaßnahmen einfließen (Aktivität F). Ein kompletter Neustart macht dann Sinn, wenn sich die Rahmenbedingungen entscheidend verändert haben oder Sie für die ausgewählten Verhaltensweisen Ihre Ziele erreicht haben und Sie sich neuen Verhaltensweisen widmen wollen.

Ergebnisse
Erfolgsmessung der Maßnahmen.

Fazit und Ausblick 7

Mitarbeiter sind eine wichtige Stütze des Informationssicherheitskonzepts des Unternehmens. Mit Hilfe von Maßnahmen zur Sensibilisierung für Informationssicherheit können sie für ihre Rolle gerüstet werden. Maßnahmen zur Erhöhung der Information Security Awareness müssen allerdings passgenau und zielgerichtet sein. Das heißt, sie müssen gezielt auf aktuelle Defizite im Wissen oder Verhalten der Mitarbeiter wirken bzw. gezielt falsche Überzeugungen oder negative Emotionen ändern. Und die Maßnahmen müssen die Rahmenbedingungen im Unternehmen berücksichtigten.

Wir haben Ihnen in diesem Buch ein Vorgehensmodell vorgestellt, welches Sie Schritt für Schritt anleitet, mit dem Ergebnis, dass Sie Ihre Mitarbeiter zielgerichtet für Informationssicherheit sensibilisieren. Das Vorgehensmodell basiert auf Erkenntnissen der Verhaltenspsychologie. Ein umfassendes Verständnis darüber, wie das Verhalten der Mitarbeiter zustande kommt, also welche Faktoren auf dieses Verhalten einwirken, ist für die Erhöhung der Security Awareness unerlässlich.

Das Vorgehensmodell besteht aus zwei Phasen mit insgesamt acht Aktivitäten. In der ersten Phase führen Sie die unerlässliche Analyse des Ist-Zustandes in Ihrem Unternehmen durch. In der zweiten Phase wählen Sie dann, auf Basis der Erkenntnisse, die passenden Sensibilisierungsmaßnahmen aus und führen Sie durch. Zum Abschluss erfolgt die genauso unerlässliche Erfolgsmessung. Sie überprüfen, wie erfolgreich Ihre Maßnahmen waren und können das Messergebnis in einem zweiten Durchlauf berücksichtigen.

▶ Sensibilisierung für Informationssicherheit ist ein dauerhafter Prozess und kein einmaliges Projekt.

© Springer Fachmedien Wiesbaden GmbH, ein Teil von Springer Nature 2019   47
K. Weber et al., *Grundlagen und Anwendung von Information Security Awareness,* essentials, https://doi.org/10.1007/978-3-658-26258-7_7

Die Durchführung des vorgestellten Vorgehensmodells ist derzeit noch aufwendig und mit viel manueller Arbeit verbunden. Unsere laufenden Forschungsaktivitäten zielen darauf ab, den Anteil der manuellen Arbeiten weitestgehend zu reduzieren. Unser Ziel ist es, insbesondere Kleinen und Mittleren Unternehmen ein effizientes und effektives Hilfsmittel an die Hand zu geben, welches ein weitgehend automatisiertes, aber dennoch individuelles Vorgehen erlaubt. Die Grundidee dabei ist, möglichst standardisierte Baukästen bereitzustellen, aus denen dann aber gezielt, je nach Situation, die passenden Bausteine entnommen und individuell kombiniert werden. Ansatzpunkte dafür sind beispielsweise:

- vorgefertigte Listen zur Auswahl relevanter Verhaltensweisen
- ein standardisierter Katalog von Wissen, Überzeugungen, Emotionen und Barrieren pro Verhaltensweise und standardisierten Fragen, um diese/s zu messen
- eine Datenbank zur Auswahl von klassifizierten und bewerteten Sensibilisierungsmaßnahmen anhand der Ergebnisse der Ist-Analyse
- Werkzeuge zur automatisierten Messung des informationssicherheitskonformen Verhaltens
- ein Kennzahlensystem für Information Security Awareness

Wir würden uns sehr über Ihr Interesse an unserer Forschung und Feedback zu unserem Vorgehensmodell freuen. Nehmen Sie gerne Kontakt mit uns auf!

Was Sie aus diesem *essential* mitnehmen können

- Der Mensch ist eine entscheidende Stütze für die Gewährleistung der Informationssicherheit im Unternehmen.
- Um die Information Security Awareness zu verbessern, müssen die Faktoren bekannt sein, aus denen sich das Konstrukt zusammensetzt.
- Effektive Sensibilisierungsmaßnahmen müssen passend zur vorherrschenden Situation im Unternehmen ausgewählt werden.
- Mitarbeitersensibilisierung ist ein kontinuierlicher Prozess, bei dem sich die Phasen Analyse und Umsetzung abwechseln.

© Springer Fachmedien Wiesbaden GmbH, ein Teil von Springer Nature 2019
K. Weber et al., *Grundlagen und Anwendung von Information Security Awareness,* essentials, https://doi.org/10.1007/978-3-658-26258-7

Literatur

Ajzen I (1991) The theory of planned behavior. Organ Behav Hum Decis Process 50:179–211

Ajzen I (2006) Behavioral interventions based on the theory of planned behavior: brief description of the theory of planned behavior

Allianz für Cybersicherheit (2016) Awareness-Umfrage 2015. Allianz für Cybersicherheit, Bonn

Aronson E, Wilson TD, Akert RM (2010) Sozialpsychologie, 6., aktualisierte Aufl., [Nachdr.]. Pearson Studium, München

Bada M, Sasse AM, Nurse JRC (2014) Cyber security awareness campaigns: why do they fail to change behaviour? Global Cyber Security Capacity Centre: Draft Working Paper 188–131

Bandura A (1986) Social foundations of thought and action: a cognitive social theory. Prentice-Hall, Englewood Cliffs

Baranowski T, Cullen KW, Nicklas T et al (2003) Are current health behavioral change models helpful in guiding prevention of weight gain efforts? Obesity 11:23–43. https://doi.org/10.1038/oby.2003.222

Baumeister RFF, Vohs KDD (2007) Encyclopedia of social psychology. Sage, Thousand Oaks

Bayerischer IT-Sicherheitscluster e. V. (Hrsg) (2018) ISIS12 – Katalog V 1.5. Bayerischer IT-Sicherheitscluster, Regensburg

Bundesamt für Sicherheit in der Informationstechnik (2019) IT-Grundschutz-Kompendium, 2. Aufl. Bundesanzeiger, Köln

Dodge RC Jr, Carver C, Ferguson AJ (2007) Phishing for user security awareness. Comput & Secur 26:73–80

Döring N, Bortz J (2016) Forschungsmethoden und Evaluation in den Sozial- und Humanwissenschaften. Springer, Berlin

DXC Technology (2017) IWC Schaffhausen protects its business with employee security awareness campaign

Eagly AH, Chaiken S (1993) The psychology of attitudes. Harcourt Brace Jovanovich College Publishers, Fort Worth, TX

Eckert C (2018) IT-Sicherheit: Konzepte – Verfahren – Protokolle, 10. Aufl. De Gruyter, Berlin

© Springer Fachmedien Wiesbaden GmbH, ein Teil von Springer Nature 2019
K. Weber et al., *Grundlagen und Anwendung von Information Security Awareness*, essentials, https://doi.org/10.1007/978-3-658-26258-7

Federrath H (2006) Kosten und Nutzen der IT-Sicherheit. HMD: Praxis der Wirtschaftsinformatik, 2006, S 4–5

Filippidis AP, Hilas CS, Filippidis G, Politis A (2018) Information security awareness of greek higher education students – preliminary findings. In: Modern Circuits and Systems Technologies (MOCAST), 2018 7th International Conference on. IEEE, S 1–4

Fishbein M, Ajzen I (1975) Belief, attitude, intention, and behavior: an introduction to theory and research. Addison-Wesley, Reading

Franz A, Kelm D (2018) Awareness-Index. <kes> 14–18

Galvez SM, Guzman IR (2009) Identifying factors that influence corporate information security behavior

Grassi P, Perlner R, Fenton J, et al (2017) Digital identity guidelines – authentication and lifecycle management. U.S. Department of Commerce

Hadnagy C, Wilson P (2011) Social engineering: the art of human hacking. Wiley, Indianapolis

Hänsch N, Benenson Z (2014) Specifying IT security awareness. In: 25th International Workshop on Database and Expert Systems Applications, S 326–330

Harich TW (2018) IT-Sicherheitsmanagement: Praxiswissen für IT Security Manager, 2. Aufl. mitp Verlags GmbH & Co. KG, Frechen

Haucke A, Helisch M (2009) Das geheime Drehbuch der Security – Awareness in Gestalt- und Tiefenpsychologie. In: Helisch M, Pokoyski D (Hrsg) Security Awareness – Neue Wege zur erfolgreichen Mitarbeiter-Sensibilisierung. Vieweg + Teubner, Wiesbaden, S 75–130

Heartfield R, Loukas G (2018) Detecting semantic social engineering attacks with the weakest link: implementation and empirical evaluation of a human-as-a-security-sensor framework. Comput & Secur 76:101–127

Helisch M (2009a) Definition von Awareness, Notwendigkeit und Sicherheitskultur. In: Helisch M, Pokoyski D (Hrsg) Security Awareness – Neue Wege zur erfolgreichen Mitarbeiter-Sensibilisierung. Vieweg + Teubner, Wiesbaden, S 9–28

Helisch M (2009b) Awareness aus der Perspektive des Marketings. In: Helisch M, Pokoyski D (Hrsg) Security Awareness – Neue Wege zur erfolgreichen Mitarbeiter-Sensibilisierung. Vieweg + Teubner, Wiesbaden, S 55–73

ISACA (2018) State of cybersecurity 2018 – part 2: threat landscape and defense techniques. ISACA, Schaumburg

Jaeger L (2018) Information security awareness: literature review and integrative framework. In: Proceedings of the 51st Hawaii International Conference on System Sciences

Janik M, Weber K, Schütz AE, Fertig T (2018) Informationssicheres Verhalten automatisiert messen. In: Schartner P, Pohlmann N (Hrsg) D-A-CH Security 2018. syssec, Gelsenkirchen, S 1–12

Kabay ME (2002) Using social psychology to implement security policies. In: Bosworth S, Kabay ME (Hrsg) Computer security handbook. Wiley, New York, S 1–22

Kammerhofer S (2011) Implementierung von Sicherheitskennzahlen in den IT-Grundschutz. Diplomarbeit, Fachhochschule Oberösterreich

Kersten H, Klett G (2015) Der IT Security Manager: Aktuelles Praxiswissen für IT Security Manager und IT-Sicherheitsbeauftragte in Unternehmen und Behörden. Springer, Wiesbaden

Khan B, Alghatbar KS, Nabi SI, Khan M (2011) Effectiveness of information security awareness methods based on psychological theories. African J Bus Manag 26:10862–10868

Krcmar H (2015) Informationsmanagement, 6., überarbeitete Aufl. Springer Gabler, Berlin

Kruger H, Kearney W (2006) A protoype for assesing information security awareness: a West Africa gold mining environment case study. Computers & Security 25(4):289–296

Luszczynska A, Schwarzer R (2005) Social cognitive theory. In: Conner M, Norman P (Hrsg) Predicting health behaviour: research and practice with social cognition models. Open University Press, Buckingham, S 127–169

Meffert H, Burmann C, Kirchgeorg M, Meffert H (2015) Marketing: Grundlagen marktorientierter Unternehmensführung: Konzepte – Instrumente – Praxisbeispiele, 12, überarbeitete u. aktualisierte Aufl. Springer Gabler, Wiesbaden

Montaño DE, Kasprzyk D (2008) Theory of reasoned action, theory of planned behavior, and the integrated behavior model. In: Glanz K, Rimer, Barbara K, Viswanath K (Hrsg) Health behavior and health education. Jossey-Bass, San Francisco, S 67–96

Richter S, Straub T, Lucke C (2018) Information Security Awareness – eine konzeptionelle Neubetrachtung. In: Multikonferenz Wirtschsinformatik 2018. Lüneburg, Germany, S 1369–1380

Rieb AJ, Hofmann M, Laux A, et al (2017) Wie IT-Security Matchplays als Awarenessmaßnahme die IT-Sicherheit verbessern können. In: Leimeister JM, Brenner W (Hrsg) Proceedings der 13. Internationalen Tagung Wirtschaftsinformatik (WI 2017). St. Gallen, S 867–881

Schütz AE, Weber K (2017) Security Awareness: Nicht nur schulen-berzeugenSie! In: Schartner P, Baumann A (Hrsg) D•A•CH Security Tagungsband 2017. syssec, Frechen, S 1–12

Schwarzer R (2004) Psychologie des Gesundheitsverhaltens: Einführung in die Gesundheitspsychologie, 3., überarb Aufl. Hogrefe, Göttingen

Spitzner L (2014) Human metrics: measuring behavior

Stroebe W, Stroebe MS, Niedernhuber S (1998) Lehrbuch der Gesundheitspsychologie: Ein sozialpsychologischer Ansatz, 1. Aufl. Klotz, Eschborn bei Frankfurt a. M.

Tischer M, Durumeric Z, Foster S, et al (2016) Users really do plug in usb drives they find. In: 2016 IEEE Symposium on Security and Privacy (SP), S 306–319

Triandis HC (1977) Interpersonal behavior. Brooks/Cole, Monterey Calif

Verplanken B, Orbell S (2003) Reflections on past behavior: a self-report index of habit strength. J Appl Soc Psychol 33, 1313–1330

Weber K, Schütz AE (2018) ISIS12-Hack: Mitarbeitersensibilisierenstatt informieren. In: Drews Paul, Funk Burkhardt, Niemeyer Peter, Xie Lin (Hrsg) Multikonferenz Wirtschsinformatik 2018. Lüneburg, Germany, S 1737–1748

Whitman M, Mattord HJ (2019) Management of information security, 6. Aufl. Cengage, New York

Printed in the United States
By Bookmasters